A Dutch Vocabulary

BRUCE DONALDSON
B.A. (Western Australia) Litt. Drs. (Utrecht)

Department of Germanic Studies
University of Melbourne

Second Edition

AE Press
Melbourne, 1985

Amersham (UK) – Hulton; Stam Press
Bruxelles (B) – Plantyn
Cheltenham (UK) – Stanley Thornes
Culemborg (NL) – Educaboek
Educa International
Deurne/Antwerpen (B) – Plantyn
Koln/Porz (BRD) – Stam
Lausanne (CH) – Delta/Spes
Melbourne (Aus) – AE Press
Paris (F) – Educalivre; Casteilla

Australasian Educa Press Pty Ltd
74 Railway Road,
Blackburn, Vic. 3130
Telephone (03) 878 0466

First published in Australia.
© 1983 Australasian Educa Press Pty Ltd
(incorporated in Victoria)
Second Edition, 1985

National Library of Australia
Cataloguing-in-Publication entry

Donaldson, B. C. (Bruce C.), 1948-
A Dutch Vocabulary
Second Edition, 1985

ISBN 0 86787 052 4

1. Dutch language — Vocabulary.   I. Title.

439.3'181

Printed in Australia by GRV Printers, Croydon, Vic. 3136

PREFACE

This little book, although extremely fundamental in approach and intent, is all the more remarkable by virtue of the fact that no such work has ever been compiled for the learning of Dutch. Numerous such vocabularies exist for French, German, Italian and Spanish, but Dutch seems always to have been the Cinderella of the languages of Western Europe. I hope hereby to rectify that situation in some small way.

This book is intended for English-speaking students of Dutch wherever they reside in the world and whatever course is being followed; i.e. whether at a secondary or tertiary educational institution, attending a private course, or home study. It is designed to supplement the limited vocabulary that all grammars are forced by necessity to use. In my opinion it is imperative that formal explanation of the grammar should be accompanied by some form of systematic vocabulary learning where a choice has been made by an experienced teacher of Dutch between basic everyday vocabulary that should be learnt immediately, and that which can be left to the student to pick up later from his own interactions with native speakers and from reading. I have made such a choice here, grouping common vocabulary items under general topics.

By systematically working his way through this book, and at the same time following a course in the language based on any of the existing grammars or language laboratory methods, the student should build up a good working vocabulary which is free of the esoteric, and often difficult items which make dictionaries so complicated to use for people starting out in a new language. This is no substitute for a dictionary of course, but a dictionary is not a substitute for a book such as this either.

The words have been put into groups of ten on average — sometimes there are as few as eight and sometimes as many as twelve; to have stuck rigidly to ten would have forced me at times to leave out useful words or include some not so useful ones. Such grouping of the items should assist learning; for instance one can set oneself the task of learning one or two or more units a day and thus get a feeling of progress. By having grouped the words further under broad general topics, it should be practical for example for teachers to set essays on those topics in which the student can attempt to use as many of the given words as possible. A further advantage of grouping the words under general topics is the avoidance of ambiguity of meaning. Many words have a variety of meanings depending on context, but usually the meaning of a particular word is clear in this instance because of the other words in its vicinity. On occasions it was necessary, for the sake of clarity, to footnote individual vocabulary items, but this has been kept to a minimum.

The choice of words to be incorporated into or left out of a book such as this is somewhat arbitrary and subjective. Even computer compiled frequency lists are subjective because they are based on arbitrarily chosen newspapers, magazines, novels etc. Lists compiled in that way often grossly distort reality. To take a hypothetical example, one could well find that if a frequency list for Dutch were based on any of the well-known dailies of Holland, one would probably find that *gasbel* (gas bubble) and *inflatie* (inflation) would be included while *spruitje* (Brussels sprout) and *wekker* (alarm clock) would be left out. This list of 2860 words — my original goal was ± 3000 — is based on two inevitably subjective factors: firstly my experience as a teacher of Dutch at tertiary level over a period of ten years and secondly, and more importantly in my opinion, my perception of Dutch as a non-native-speaker of the language. Non-native-speakers are in a better position than natives to assess what is necessary vocabulary and what can be left till later, what one merely needs to know passively and what one must also be able to use actively.

The subject of choosing items for inclusion or exclusion brings me to a very difficult and important problem that I was continually confronted with. Certain words are so important as to be indispensable to the foreigner living and learning Dutch in Holland e.g. *boerenkool* (curly kale) and *BTW* (Value Added Tax), whereas such concepts are quite possibly unknown to the American, or Australian or South African who has never been to Europe and may never go. On the other hand, a 'mop' is an everyday cleaning instrument, in Australia anyway, which I felt inclined to include, but the Dutch don't know the implement. The dictionary will tell you that a 'mop' is a *stokdweil*, but that is not exactly what we call a 'mop'. When washing floors the Dutch simply use a *dweil* (floor-cloth) which is something which I for one do not possess or have ever used. Most Dutch people would probably translate 'sandwich' with *boterham* but a Dutch *boterham* consists of only one slice of bread, which, what is more, is usually eaten with a knife and fork. Ten Bruggencate's dictionary renders sandwich as follows: *twee sneetjes brood met iets ertussen*;[1] thus the word sandwich will not be found in my corpus. Such problems are of course to be expected when attempting to equate one culture with another.

Deciding which Dutch words to include was actually only half the problem; how they should be translated turned out to be no mean task. As this book will be marketed throughout the English-speaking world, it was often difficult, even impossible, to decide which English translation would be universally acceptable. *Zwembroek*, for example, would be translated differently even from state to state within the Commonwealth of Australia, so it was impossible for me to know exactly what one says in Britain and America, and even had I known this, space would not have permitted all alternatives. I thus opted for a neutral descriptive translation, swimming trunks, although I would not personally ever use that expression. In such instances the reader will simply have to substitute the word most commonly used where he or she is living. I have certainly always done my best to avoid peculiarly Australian expressions where I was aware that our use of English differs from overseas e.g. *snoepje* — sweet, piece of candy, whereas in Australia one would say 'lolly'. I am reasonably confident that my translations will be generally acceptable to Britishers, but my limited knowledge of American English has undoubtedly led to some expressions sounding unfamiliar to inhabitants of that continent. I have, however, kept American usage in mind wherever possible e.g. *kraan* — tap, faucet.

On occasions I also had great difficulty in deciding whether an English compound noun should be written as one word, two words or hyphenated, a problem that does not often arise in Dutch. In my defence, should anyone disagree with my decisions, I quote Fowler, generally regarded as **the** authority among speakers of British English: '. . . its (i.e. use of hyphens) infinite variety defies description. No two dictionaries and no two sets of style rules would be found to give consistently the same advice'.[2]

In cases where it is not immediately obvious where the stress falls on a word, the syllable to be stressed is printed in bold type. I have not for instance indicated stress in a word like *begrijpen*, but I have in *hengelen, gitaar* and *paspoort*, because, although those words do not have an irregular stress like *stadhuis* and *burgemeester*, they are nevertheless words which the non-native-speaker may be inclined to stress incorrectly. The stress in verbs such as *uitdrukken* is always given, thereby indicating that they are separable.

The symbol * indicates a strong or irregular verb. It would have been unwieldy to give the principal parts of all irregular verbs and to indicate whether they take *hebben, zijn* or both in the perfect tense. Such information can usually be quite easily gleaned from dictionaries and grammars.

Where more than one translation of a Dutch word is given, a comma is used to separate synonyms. Wherever a semi-colon is used, however, what follows is an alternative meaning of that Dutch word e.g. *paprika*—pepper, capsicum; paprika.

In conclusion, a word about the illustrations. They are intended first and foremost simply to liven up the pages of this book. Such a book can easily become tedious to learn from — after all, vocabulary learning is hard work, but the sight of an amusing sketch with a relevant sub-title is psychologically relieving and at the same time the expressions being illustrated are all the more likely to stay in the student's mind. All the captions which accompany the illustrations attempt to illustrate an important point of grammar or particular idiom in addition to using in context some of the words given on the page. Translations of the Dutch captions are given on page 6.

1 Bruggencate, K ten. *Engels Woordenboek*, Wolters-Noordhoff, Groningen, 1973.
2 Fowler, H.W. *A Dictionary of Modern English Usage*, Clarendon Press, Oxford, 1965 (p. 255).

NOTE TO THE SECOND EDITION

Wherever printing errors occurred in the first edition these have been corrected. A few genders have been changed and sometimes double gender has been added. Several new words have been inserted where the contraints of space permitted this to be done. A few unusual words which attracted some criticism have also been removed.

ACKNOWLEDGEMENTS

My thanks are due in the first instance to Peter Dodds of Melbourne for supplying me with the many charming drawings that will, I hope, help endear this little book to all who use it. In addition I would like to thank Ralph Martens of Melbourne for his careful scrutiny of the English translations as well as Paul van der Plank of Leiden and Anita van Leeuwen of Utrecht for the assistance they offered in ensuring that the corpus of Dutch words is current and correct.

Bruce Donaldson

ABBREVIATIONS

(adj.)	adjective	(n.)	neuter noun
(c.)	common gender noun	(pl.)	plural
(fem.)	feminine, female	(pron.)	pronounced
(fig.)	figurative	(s.o.)	someone
(intr.)	intransitive verb	(s.t.)	something
(lit.)	literally	(tr.)	transitive verb
(masc.)	masculine		

TRANSLATIONS OF CAPTIONS
Numbers refer to the first section on the page.

1 A rolled-up sleeve
4 The Scots wear such a skirt
7 Farmers wear clogs
10 A small chest full of fabulous jewels
13 The waiter is serving a customer
16 Somebody who sells used cars
19 This old couple have been married for forty-two years
22 A very old man with a walking stick in his hand
25 The toddler is crawling on the floor
28 These two young people are very much in love with each other
31 The kiddies have finally fallen asleep
34 This labourer has a hairy chest
37 He has a blister on his heel
40 English judges always wear wigs
43 Look what you can do with chewing gum
46 The cake tastes really delicious
49 He's having a sip of apple juice
52 He's full; he's eaten too many vegetables
55 A caterpillar feels at home in a pear
58 Please give me real coffee, not instant coffee
61 Delicious cheese from Switzerland
64 A slice of bread with raspberry jam on it
67 This box of confectionery has been opened by someone
70 This little mouse has eaten and has then gone to sleep in the corner
73 The cat has just given birth; she has only three kittens
76 The rooster crows at five o'clock every morning: cock-a-doodle-doo
79 Snails like green leaves
82 Pearls are found in oysters
85 He is in the attic
88 The curtains are still closed
91 There is now a picture on the wall
94 Here is an old fashioned bath tub with hot water in it
97 The housewife has just vacuumed
100 The kettle is boiling
103 She's putting something in the fridge
106 The table has been set
109 That tree was unfortunately chopped down
112 This television isn't working any more
115 Boy, how well she can sing
118 This sock has already been darned a few times
121 He likes the smell of that man's cigar
124 The photographer is taking a photo of this couple
127 The passport must be stamped by the customs officer
130 A deserted island with coconut palms
133 The stream meanders through the country-side
136 There's a thunder-storm
139 A rainbow has just appeared
142 The doctor is examining a patient
145 The priest has caught a cold
148 One can change foreign currencies at this bank
151 He puts a coin in his money-box
154 This pious monk is praying
157 The Christmas tree has been nicely decorated
160 Tulips bloom in spring
163 These three indoor plants are on the window sill
166 A wreath for a dead person
169 The Easter Bunny carries his eggs in a basket
172 He's crying because he has failed an exam
175 The teacher is writing something on the board
178 The professor is somewhat absent-minded
181 The Greek alphabet is very difficult, isn't it?
184 This Jew speaks Hebrew and lives in Israel
187 The typist can type very well
190 On this shelf are two copies of the same book
193 The king is the head of state
196 The politician is giving a speech
199 He's driving much too fast
202 A brand new racing car
205 This boy is hitch-hiking
208 The train is about to cross the bridge
211 The cow is grazing in the meadow
214 The wheat must be harvested now
217 The thief has been caught red-handed and is being arrested
220 A pleasant little square with a monument
223 A nice little shopping street
226 A well-known Italian chef
229 A tremendously tall building
232 He is in the army
235 A bomb has exploded here
238 He's learnt to swim well
241 This lady has been waiting for the bus for quite a while
244 The child has sat down on its potty
247 This nice mill is situated behind a high dyke
250 Kees is terribly proud of his new kennel
253 This lad has been awfully naughty
256 Between the trees you'll find some mushrooms
259 The post-office is on the square opposite the bank
262 The puppy runs outside
265 She weighs much too much

KLEDING	CLOTHING	
de heren-, dameskleding	men's, ladies' wear	**1**
het ondergoed	underwear	
het hemd	singlet, undershirt	
het overhemd	shirt	
het t-shirt	t-shirt	
de kraag	collar	
de mouw	sleeve	
de manch**e**t	cuff	
de manchetknoop	cuff link	

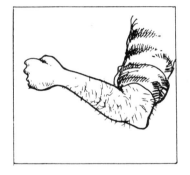

Een opgestroopte mouw

de knoop	button	**2**
de gesp	buckle	
de gulp	fly	
de broek	pants, trousers	
de onderbroek	underpants	
de spijkerbroek	jeans	
de broekspijp	trouser leg	
de riem (om)[1]	belt	
de zak	pocket	
het (confectie)pak	(ready-made) suit	
het unif**o**rm	uniform	

het colb**e**rt	suit coat, jacket	**3**
de smoking	dinner suit	
de toga	academic gown	
de pyjama	pyjamas	
de ochtend-, kamerjas	dressing gown	
de badjas	bath-robe	
de regen-, overjas	raincoat, overcoat	
de bontjas	fur coat	
de trui	jumper, pullover	
het vest	sweater, cardigan	

[1] 'On' with reference to items of apparel, can be either *om* or *aan* e.g. I have a belt on (*om*), I have a coat on (*aan*).

4

de jurk	dress
de avondjurk	evening gown
de onderjurk	petticoat, slip
de rok	skirt
de onderrok	half slip, petticoat
de bloes	blouse
het slipje	underpants, knickers
de panty(pl.-'s)	panty-hose, tights
de nylons	(nylon) stockings
de beha¹	bra, brassière
de nachtjapon	nightdress, nighty

De Schotten dragen zo'n rokje

5

de zwembroek	swimming trunks
het badpak	swimsuit (ladies')
de bikini	bikini
aan-, **ui**ttrekken*,-doen*	to put on, take off
zich **aa**n-, **ui**tkleden	to get dressed, undressed
zich **o**mkleden, verkleden	to get changed
de maat	size
de voering	lining
slecht/goed gekleed	badly/well dressed
passen	to fit
staan*	to suit
de ritssluiting	zip
dragen*	to wear; carry

6

de stof	material, fabric
de kunststof	synthetic material
de zijde	silk
het fluw**ee**l	velvet
het kat**oe**n	cotton
de wol	wool
de kant	lace
het nylon	nylon
het linnen	linen

1 BH is the usual abbreviation for *bustehouder*.

zijden	silk(en)	**7**
fluw**e**len	velvet	
kat**oe**nen	cotton	
wollen	woollen	
kanten	lace	
nylon	nylon	
geruit	checked, tartan	
druk	gaudy	
strak	tight	
los	loose	

Boeren lopen op klompen

de schoen	shoe	**8**
de klomp	clog	
de laars (pl. laarzen)	boot	
de pant**o**ffel, slof	slipper	
de sand**aa**l	sandal	
de hak	heel (shoe only)	
de zool	sole	
de (schoen)veter	shoe lace	
de schoensmeer	shoe polish	
poetsen	to clean (shoes)	

de sok	sock	**9**
de (nylon)kous	stocking	
de kniekous	knee-sock	
de (zonne)bril (op)	(sun) glasses (on)	
de (hals)ketting (om)	necklace (on)	
de oorbel	earring	
de armband (om)	bracelet, bangle (on)	
de (trouw)ring (aan)	(wedding) ring (on)	
de verlovingsring	engagement ring	
de zakdoek	handkerchief	
de sjaal	scarf	
de handschoen	glove	

10

de want	mitten
de broche, speld	brooch
de haarband	hair ribbon
de (strop)das	tie
de muts	cap
de pet	(peaked) cap
de hoed	hat
op-, **af**zetten	to put on, take off (a hat)
de handtas	handbag
de portemonn**aie**	purse
de portef**eui**lle[1]	wallet

Een kistje vol prachtige juwelen

11

de edelsteen	precious stone
de halfedelsteen	semi-precious stone
het juw**ee**l	jewel
de diam**a**nt[2]	diamond
de rob**ij**n	ruby
de saff**ie**r	sapphire
de smar**a**gd	emerald
het goud(en)	gold (adj.)
het zilver(en)	silver (adj.)
het tin(nen)	pewter (adj.)

WERK (n.) EN BEROEP (n.)   WORK AND PROFESSION

12

de baan	job
de betrekking	job, position
full-time, part-time	full-time, part-time
het bijbaantje	extra job
de vakbond	trade union
de staking	strike
staken	to strike
het loon	wage(s)
het sal**a**ris	salary
de loonsverhoging	increase, raise
lid zijn* van	to be a member of

1 The *eu* in such French and Greek words is pronounced like Dutch *ui*.
2 The names of such precious stones are common gender when one particular stone is referred to, but are neuter when diamond etc. as a substance is intended.

werken	to work	**13**
het werk	work	
de arbeider	labourer	
werkloos	unemployed	
de werkloosheid	unemployment	
in de WW lopen*1	to be on unemployment benefits, the dole	
aanstellen	to employ	
de werknemer	employee	
de werkgever	employer	
de baas, chef	boss	

De kelner bedient een klant

de kant**oo**rbed**ie**nde	clerk	**14**
de manager	manager	
de vakman (pl. -lui)	expert	
de **t**echnicus (pl. -ici)	technician	
de postbode	postman	
de **b**us-, vr**a**chtwagenchauff**eu**r	bus, truck driver	
de conduct**eu**r	conductor	
de archit**e**ct	architect	
de verpleger	nurse (masc.)	
de verpleegster	nurse (fem.)	

de serv**ee**rster	waitress	**15**
de kelner, ober	waiter	
de journal**i**st	journalist	
de loodgieter	plumber	
de timmerman (pl. -lui)	carpenter	
de electrici**e**n	electrician	
de automont**eu**r	mechanic	
de schilder	painter	
de horl**o**gemaker	watchmaker	
de schoenmaker	shoemaker, cobbler	

1 WW = *Werkloosheidswet* (lit. unemployment law).

16

de autohandelaar	car salesman
de (rijks)ambtenaar	civil servant
de (politie)agent	policeman
de brandweerman	fireman
de kok	chef, cook
de makelaar	broker; real estate agent
de vuilnisman (pl. -nen)	dustman, garbage collector
de winkelier	shopkeeper
de verkoper	shop assistant (masc.)
de verkoopster	shop assistant (fem.)

iemand die tweedehands auto's verkoopt

17

de (heren)kapper	(gents') hairdresser, barber
de kapster	hairdresser (fem.)
knippen	to cut (hair)
de koopman (pl. -lui)	merchant
de typiste	typist (fem.)
de secretaris	secretary (masc.)
de secretaresse	secretary (fem.)
tikken, typen	to type
de politicus (pl. -ici)	politician
de aannemer	contractor
de metselaar	bricklayer

18

de maatschappelijk werk(st)er[1]	social worker (-st- =fem.)
de bibliothecaris	librarian (masc.)
de bibliothecaresse	librarian (fem.)
de vertegenwoordiger	(sales) representative
de slager	butcher
de bakker	baker
de bouwvakker	builder, construction worker
de ingenieur	engineer
de tekenaar	draftsman
de kruier	porter
de visser	fisherman

1 The word *werkster* on its own refers exclusively to a 'cleaning lady' or 'charwoman'.

DE FAMILIE

het gezin	(nuclear) family
het familielid (pl. -leden)	relative
verwant (met)	related (to)
getrouwd (met)	married (to)
de vader	father
de moeder	mother
de zoon	son
de dochter	daughter
de man	man; husband
de vrouw	woman; wife

Dit oude echtpaar is tweeënveertig jaar getrouwd

de zuster, zus	sister	20
de broer[1]	brother	
het zusje	younger, little sister	
het broertje	younger, little brother	
de schoonouders	parents-in-law	
de schoonvader	father-in-law	
de schoonmoeder	mother-in-law	
de schoonzoon	son-in-law	
de schoondochter	daughter-in-law	
de schoonzuster	sister-in-law	
de zwager	brother-in-law	

de oom	uncle	21
de tante	aunt	
de neef	nephew, cousin (masc.)	
de nicht	niece, cousin (fem.)	
de achterneef, -nicht	second cousin	
het kleinkind	grandchild	
de kleinzoon, -dochter	grandson,-daughter	
het achterkleinkind	great grandchild	
de grootouders	grandparents	
de grootvader (opa)	grandfather (grandpa)	
de grootmoeder (oma)	grandmother (grandma)	

1 The full form *broeder* nowadays refers to a brother in a religious order only.

22 de (bet)overgrootouders	(great)great grandparents
de peetoom	godfather
de peettante	godmother
het petekind	godchild
de pleegouders	foster parents
de stiefouders	stepparents
het stiefkind	stepchild
de wees, het weeskind	orphan
het weeshuis	orphanage
het bejaardentehuis	home for the aged

Een oeroude man met een wandelstok in zijn hand

DE MENS   MANKIND, MAN

23 de mens(en)	human being, person (people)
het kind	child
de tienjarige etc.	ten-year-old etc.
de 65-plusser	pensioner
de gepensioneerde	pensioner
de leeftijd	age
van middelbare leeftijd	middle-aged
de juffrouw	(unmarried) woman, miss, young woman
de heer	man, gentleman
de dame	lady
dames en heren	ladies and gentlemen

24 de meneer	man, gentleman; sir, Mr.
de mevrouw	woman, lady; madam, Mrs.
de jongen	boy
het meisje	girl
de jeugd	youth (collective)
de jongelui	young people
de buren	neighbours
de buurman, -vrouw	neighbour
de weduwe	widow
de weduwnaar	widower

de baby (pl.-'s)	baby	**25**
de kinderwagen	pram	
de kinderkamer	baby's room, nursery	
de wieg	cradle	
het slaapliedje	lullaby	
de luier	nappy, diaper	
de fopspeen	dummy	
het babypoeder	baby powder	
de tweeling	twin	
de drieling etc.	triplet	

De peuter kruipt over de grond

het enig kind	only child	**26**
de ongehuwde moeder	unmarried mother	
de peuter	tiny tot (pre-kindergarten)	
de peuterspeelzaal, crèche	crèche	
de kleuterschool	kindergarten	
de kleuterleidster	kindergarten teacher	
de speeltuin	playground	
het speelgoed	toys (collective)	
een stuk speelgoed	a toy	

het voorgeslacht	ancestors, forefathers	**27**
de voorouders	ancestors, forefathers	
het nageslacht	descendents	
de voornaam	christian, first name	
de achter-, familienaam	surname	
heten[1]	to be called	
noemen (naar)	to call, to name (after)	
de bijnaam	nick-name	
het adres	address	

1 NB: *Hoe heet u/je?* = What's your name?
Ik heet Wim = My name is Wim.

28

het gevoel (pl. -ens)	feeling
het zintuig	sense
het geluk	happiness; luck
de vreugde	joy
blij	glad, happy
tevreden	satisfied
gelukkig	happy
droevig	sad
opgewonden	excited
gedeprimeerd	depressed

Deze twee jonge mensen zijn hartstikke verliefd op elkaar

29

de liefde	love
houden van	to love
de vriend	friend; boyfriend
de vriendin	friend; girlfriend
de verloofde	fiancé(e)
verloofd	engaged
verkering hebben met	to be going with s.o.
verliefd zijn op	to be in love with
de verhouding	relationship, affair
kussen, zoenen	to kiss
de kus, zoen	kiss

30

moe	tired
vermoeid	weary
de vermoeidheid	tiredness, weariness
uitputten	to exhaust
uitgeput	exhausted
bezorgd	worried
gastvrij	hospitable
vriendelijk (tegen)	friendly (towards)
aardig	nice (of people)
egoïstisch	selfish
krenterig	miserly, mean

de slaap	sleep	**31**
slapen*	to sleep	
dromen	to dream	
de droom	dream	
de nachtmerrie	nightmare	
wakker worden*	to wake up (intr.)	
wakker maken	to wake up (tr.)	
in slaap vallen*	to fall asleep	
opstaan*	to get up; stand up	
wel te rusten	sleep well, good night	

De kindertjes zijn eindelijk in slaap gevallen

HET MENSELIJK LICHAAM   THE HUMAN BODY

het hoofd	head	**32**
het voorhoofd	forehead	
het haar	hair	
het gezicht	face	
het oog	eye	
het ooglid (pl. -leden)	eyelid	
de wimper	eyelash	
de wenkbrauw	eyebrow	
de neus	nose	
het oor	ear	
de mond	mouth	**33**
de lip	lip	
de tand¹	tooth	
de kies	molar	
het tandvlees	gums	
de kaak	jaw	
de tong	tongue	
de kin	chin	
de wang	cheek	
de keel	throat	

1 However, 'To have (a) toothache' is always *kiespijn hebben*.

34	de baard	beard
	de snor	moustache
	de hals	neck (front)
	de nek	neck (back)
	het (jeugd)puistje	pimple
	de (steen)puist	boil
	de m**ee**ëter	black-head
	de wrat	wart
	de (zomer)sproet	freckle
	de maag	stomach
	de buik	belly
	de navel	navel

Deze arbeider heeft een harige borst

35	de hand	hand
	de vinger	finger
	de duim	thumb
	de wijsvinger	index finger
	de middelvinger	middle finger
	de ringvinger	ring finger
	de pink	little finger
	de vingertop	finger tip
	de (hand)palm	palm
	de nagel	nail
	de muis	ball of the hand

36	de schouder	shoulder
	de arm	arm
	de onderarm	fore-arm
	de elleboog	elbow
	de pols	wrist
	de polsslag	pulse
	de borst	chest; breast
	de boezem	bosom
	het middel	waist (general)
	de taille	waist (narrowest part)
	de heup	hip

de **i**ngewanden	intestines, innards	**37**
de dikke darm	large intestine	
de dunne darm	small intestine	
de blinde darm	appendix	
de lever	liver	
de nier	kidney	
de blaas	bladder	
de galblaas	gall-bladder	
de klier	gland	
de schildklier	thyroid gland	
de long	lung	

Hij heeft een blaar op zijn hiel

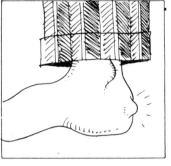

het been[1]	leg	**38**
de dij	thigh	
het scheenbeen[2]	shin-bone, tibia	
de knie	knee	
de kuit	calf	
de enkel	ankle	
de voet	foot	
de zool	sole	
de hiel	heel	
de teen	toe	

het skel**e**t, geraamte	skeleton	**39**
de schedel	skull	
de rug	back	
de ruggegraat	backbone, spine	
het bot[1]	bone	
het merg	marrow	
de rib	rib	
de spier	muscle	
het achterwerk, de billen	bottom	
de kont	arse, bum	

1 *Been/benen* means 'leg/legs' while *been/beenderen* means 'bone/bones' as in the substance bone and dog's bone; one usually refers to one's own bones as *botten*.
2 The word 'shin' is always rendered in the plural in Dutch e.g. *een schop tegen je schenen* = a kick on your shin.

40	het hart	heart
	de ader	vein
	de spatader	varicose vein
	de slagader	artery
	het bloed	blood
	de zenuw	nerve
	de pees	sinew
	de hersenen	brains
	het lid	limb; penis
	de ledematen	limbs
	de rimpel	wrinkle

Engelse rechters dragen altijd een pruik

41	de scheiding	parting
	de pony (pron. ponny)	fringe
	de vlecht	plait
	de bakkebaard(en)	sideburn(s)
	de paardestaart	pony-tail
	de krul	curl
	krullig	curly
	de kruin	crown (of the head)
	de pruik	wig
	de toupet (pron. t)	toupee

42	het gelaat	countenance
	de pupil	pupil
	het verhemelte	palate
	het gehemelte	palate
	de mondholte	oral cavity
	de stembanden	vocal cords
	de slokdarm	gullet, oesophagus
	de bloedsomloop	circulation
	het zenuwstelsel	nervous system

Dutch	English	
de slaap	temple	**43**
de oorlel	ear-lobe	
de amandelen[1]	tonsils	
de vingerafdruk	finger print	
inslikken	to swallow	
zich verslikken	to choke on s.t.	
zijn neus snuiten*	to blow one's nose	
fronsen	to frown, wrinkle one's brow	
knipogen	to wink	

Kijk eens wat je met kauwgom kunt doen

Dutch	English	
voelen[2]	to feel	**44**
zien*	to see	
proeven	to taste (tr.)	
horen	to hear	
knikken	to nod	
kauwen	to chew	
gapen	to yawn	
ademen	to breathe	
hoesten	to cough	
niezen	to sneeze	
boeren	to burp, belch	
neuken, naaien	to fuck	

Dutch	English	
de adem	breath	**45**
het speeksel	saliva	
het oorsmeer	ear wax	
het snot	snot	
de urine	urine	
de pies	piss	
de uitwerpselen (pl.)	excrement	
de poep	poo	
de stront	shit	
het zweet	sweat	
de boer	burp	
de traan	tear	

1 *De amandel* also means 'the almond'.
2 *Voelen* is always reflexive when used intransitively e.g. *Ik voel me niet lekker* = I don't feel well.

46

huilen	to cry, weep
plassen	to piddle, pee
een plasje doen*	to piddle, pee
poepen	to poo
naar de wc gaan*	to go to the toilet
een kleine boodschap doen*	to do a number one
een grote boodschap doen*	to do a number two
de bips	bottom, bottie
het gat	bottom, bottie
de penis, plasser, piemel	penis, doodle

De taart smaakt echt heerlijk

47

lang	tall
kort	short
dik	fat
mager, dun[1]	thin
mooi	pretty, beautiful
lelijk	ugly
kaal	bald
vet	greasy (of hair)
rimpelig	wrinkled

ETEN EN DRINKEN

EATING AND DRINKING

48

honger hebben*[2]	to be hungry
dorst hebben*[2]	to be thirsty
trek/ zin hebben* in	to feel like s.t. (food)
verzadigd, vol	full (of food)
dronken, zat	drunk
smaken[3]	to taste (intr.)
lekker	nice, tasty
verrukkelijk, heerlijk	delicious

---

1 People are always *mager* and things are *dun*.
2 *Ik heb erge honger/dorst* = I am very hungry/thirsty.
3 *Proef deze appel; hij smaakt goed* = Taste this apple; it tastes good.

het eten	food	**49**
eten*	to eat	
drinken*	to drink	
de keuken	kitchen; cuisine	
het hapje	bite, nibble	
het voorgerecht	entrée	
het (hoofd)gerecht	(main) course	
het nagerecht	dessert	
het toetje	dessert, afters	
ontbijten*	to have breakfast	
de soep	soup	
de pap	porridge	

Hij neemt een slok appelsap

de maaltijd	meal	**50**
het ontb**ij**t[1]	breakfast	
het middageten	lunch	
de lunch	lunch	
lunchen	to have lunch	
het avondeten	dinner	
din**e**ren	to dine	
een hapje eten	to have a snack, bite	
de borrel	drink (alcoholic)	
b**o**rrelen	to have a drink	
het slokje	sip	
proost	cheers	

de (sterke) drank	alcoholic drink	**51**
de wijn	wine	
het bier	beer	
de pils	beer	
het miner**aa**lwater, spa	mineral water	
de seven-**up**	lemonade (aerated)	
de jus (d'orange)	orange juice	
het (sin**aa**sappel)sap	(orange) juice	
het appelsap	apple juice	
met/(zonder) prik	(non-)aerated, carbonated	

1 The definite article is always used with meals e.g. *bij het ontbijt* = at breakfast,
  vóór de lunch = before lunch.

52	de groente (sing.)	vegetables
	de sla	salad; lettuce
	de krop sla	head of lettuce
	de kool	cabbage
	de zuurkool	sauerkraut
	de rodekool	red cabbage
	de boerenkool	curly kale
	de bloemkool	cauliflower
	de Chinese kool	Chinese cabbage
	het spruitje	Brussels sprout

Hij is verzadigd; hij heeft te veel groente gegeten

53	de komkommer	cucumber
	de tomaat	tomato
	de aardappel	potato
	de andijvie	endive
	de spinazie	spinach
	de boon	bean
	de spercie-, snijboon	green bean
	de tuinboon	broad bean
	de ui	onion
	de knoflook	garlic

54	de pompoen	pumpkin
	de wortel	carrot; root
	de (winter)peen	carrot (large)
	de knolraap	turnip, swede
	de (rode) biet	beetroot
	de selderij	celery
	de paprika	pepper, capsicum; paprika
	de (dop)erwt	(green)pea
	de radijs	radish
	de Spaanse peper	chilli

het witlof	chicory	**55**
het peultje	snow pea	
de artisjok	artichoke	
de asperge	asparagus	
de champignon	champignon, button mushroom	
de paddestoel	mushroom, toadstool	
de taugé	bean shoots (Chinese)	
de rabarber	rhubarb	
de aubergine	aubergine, egg-plant	
de courgette	zucchini	

Een rups voelt zich thuis in een peer

het fruit	fruit	**56**
de appel	apple	
de sinaasappel	orange	
de mandarijn	mandarin	
de citroen	lemon	
de grapefruit	grapefruit	
de peer	pear	
de pruim	plum	
de perzik	peach	
de abrikoos	apricot	

de bes	berry	**57**
de braam	blackberry	
de aardbei	strawberry	
de framboos	raspberry	
de rode bes	red currant	
de zwarte bes	black currant	
de kruisbes	gooseberry	
de kers	cherry	
de vijg	fig	
de passievrucht	passionfruit	
de ananas	pineapple	

58

de druif	grape
de tros druiven	bunch of grapes
de ban**aa**n	banana
de roz**ij**n	raisin, sultana
de noot	nut
de walnoot	walnut
de hazelnoot	hazelnut
de pinda, olienoot	peanut
de pindakaas	peanut butter
de kokosnoot[1]	coconut

Geef mij alsjeblieft èchte koffie, geen oploskoffie

59

de (riet)suiker	(cane) sugar
de basterdsuiker	castor sugar
de poedersuiker	icing sugar
het suikerklontje	sugar lump
de koffieboon	coffee bean
de oploskoffie	instant coffee
de cac**ao**	cocoa
kruiden	to spice
het kruid	spice, herb
de vanille (pron. -ilje)	vanilla

60

de oreg**a**no	oregano
het bieslook	chives
het bas**i**licum	basil
de pepermunt	peppermint
de peters**e**lie	parsley
de tijm	thyme
de foelie	mace
de roosmar**ij**n	rosemary
de salie	sage
het laur**ie**rblad	bay leaf
de kruidnagel	clove

1 The nut is a *kokosnoot* but 'desiccated coconut' is often referred to as *kokos*.

de waterkers	water cress	**61**
de /het kan**ee**l	cinnamon	
de nootmusk**aa**t	nutmeg	
de peper	pepper	
de an**ij**s	aniseed	
de kerrie(poeder)	curry powder	
de gember	ginger	
de venkel	fennel	
de az**ij**n	vinegar	
het vet	fat, dripping	

Verrukkelijke kaas uit Zwitserland

het **zui**velprod**u**kt	dairy product	**62**
de melk	milk	
de magere/volle melk	skimmed/full cream milk	
de kaas	cheese	
de roomboter	butter	
de (slag)room	(whipped) cream	
de margarine, boter	margarine	
de karnemelk	buttermilk	
de joghurt	yoghurt	
de vla	custard (ready-made)	
jonge/belegen kaas	young/mature cheese	

het gehakt	minced meat	**63**
het rundvlees	beef	
het varkensvlees	pork	
het lamsvlees	lamb	
het schapevlees	mutton	
het kalfsvlees	veal	
mager vlees	lean meat	
de kip	chicken	
de (rook)worst	(smoked) sausage (also a collective)	
het worstje	sausage (individual)	

64		
	de vleeswaren	sliced meats, smallgoods
	de ham	ham
	het spek	fatty bacon, bacon fat
	de biefstuk	fillet steak
	de karbonade	pork chop
	het wild	game
	de eend	duck
	de patrijs	partridge
	de fazant	pheasant
	de kwartel	quail

Een boterham met frambozenjam erop

65		
	de vis	fish
	de makreel	mackerel
	de haring	herring
	de forel	trout
	de kabeljauw	cod
	de paling	eel
	de schol	plaice
	de tong	sole
	de bot	flounder
	de ansjovis	anchovy
	de inktvis	octopus, squid

66		
	de gist	yeast
	het (volkoren)meel	(wholemeal) flour
	het zelfrijzend bakmeel	self-raising flour
	de bloem	flour (for cakes, not bread)
	het brood	bread, loaf of bread
	het roggebrood	rye bread
	het volkorenbrood	wholemeal bread
	het broodje	bread roll
	het krentenbrood	fruit loaf
	de krentenbol	currant bun
	de boterham	slice of bread (and butter)
	het stokbrood	French bread

de saus	sauce	**67**
de jus	gravy (meat juices)	
binden*	to thicken, bind (gravy)	
de maizena	cornflour	
smelten	to melt	
de tomatensaus	tomato sauce	
(laten) ontdooien	to (let) thaw, defrost	
invriezen*	to freeze	
de jam	jam	
de honing	honey	
smeren	to spread (butter etc.)	

Dit doosje snoep is door iemand opengemaakt

de patat (pl.)	chips, French fries	**68**
de mayonaise	mayonnaise	
de mosterd	mustard	
de ketjap, sojasaus	soya sauce	
frituren	to deepfry	
de (olijf)olie	(olive)oil	
de slasaus	salad dressing	
de appelmoes	apple sauce	

de snoep	confectionery, candy	**69**
het snoepje	sweet, piece of candy	
de chocola	chocolate (collective)	
het chocolaatje	chocolate (individual)	
het ijs	ice; icecream (collective)	
het ijsje	icecream (individual)	
de drop	licorice (collective)	
het dropje	licorice (individual)	
de koek[1]	tea cake, honey cake	
het koekje	biscuit	
het gebak	pastries, cakes (collective)	
het gebakje	pastry, cake (individual)	

1 *Koek* is only used for one particular sort of cake which is very common in Holland and usually eaten with butter on it. Otherwise *cake* is used for plain buttercake and *taart* for cakes with fruit, cream etc. on them.

70		
	Chinees(-Indisch) eten	Chinese(-Indonesian) food
	chinezen	to eat Chinese
	de nas(s)i (goreng)	fried rice
	de bami (goreng)	(fried) noodles
	de loempia	Chinese spring roll
	de sambal	chilli
	pedis	hot, spicy
	de tjap-tjoy	chop suey
	de foe-jong-hai	Chinese omelette
	het (eet)stokje	chopstick
	de rijst(tafel)	rice(table)

Dit muisje heeft gegeten en is toen in de hoek gaan slapen

DE DIERENWERELD — FAUNA

71		
	de leeuw(in)[1]	lion(ess)
	de tijger	tiger
	de luipaard	leopard
	de olifant	elephant
	de kameel	camel
	de neushoorn	rhinoceros
	het nijlpaard	hippopotamus
	de kangoeroe	kangaroo
	de giraf	giraffe
	de buffel	buffalo

72		
	de beer	bear
	de ijsbeer	polar bear
	de ezel	donkey
	de muilezel	mule
	het hert	deer
	de bever	beaver
	de das	badger
	de muis	mouse
	de rat	rat
	de mol	mole
	het stinkdier	skunk
	de eekhoorn	squirrel

1 'A male' and 'a female' of animals are expressed by the words *een mannetje* and *een wijfje*; note also *een mannetjesaap/wijfjesaap* etc. = a male/female monkey etc.

de haai	shark	**73**
de zeehond	seal	
de walrus	walrus	
de walvis	whale	
de dolfijn	dolphin	
de aap	monkey, ape	
de vos	fox	
de wolf	wolf	
het konijn	rabbit	
de haas	hare	
de goudvis	goldfish	
de slang	snake	

De kat heeft net gejongd; ze heeft maar drie poesjes

de krokodil	crocodile	**74**
de schildpad	tortoise, turtle	
de pad	toad	
de kikker, kikvors	frog	
de hagedis	lizard	
de hond	dog	
de kat(er)	cat (tom)	
het hondje	pup(py)	
het katje	kitten	
het huisdier	pet	
de marmot	guinea pig	
jongen	to give birth, to lamb, calve etc.	

het paard	horse	**75**
de hengst	stallion	
de merrie	mare	
het veulen	foal	
de koe (pl. -ien)	cow	
de stier	bull	
het kalf (pl. kalveren)	calf	
het schaap	sheep	
de ram	ram	
de ooi	ewe	
het lam (pl. -meren)	lamb	

76	de geit	goat
	het varken	pig
	de zeug	sow
	de big	piglet
	de gans (p. -zen)	goose
	de kip	chicken, fowl
	de krielkip	bantam
	de hen	hen
	de haan	rooster, cock
	het kuiken	chicken (baby)
	kukeleku	cock-a-doodle-doo
	de kalkoen	turkey

De haan kraait iedere ochtend om vijf uur: kukeleku

77	de eend	duck
	de parkiet	budgerigar
	de kanarie(vogel)	canary
	de papegaai	parrot
	de kakatoe	cockatoo
	de duif	dove, pigeon
	de mus	sparrow
	de ooievaar	stork
	de ekster	magpie
	de leeuwerik	lark
	de zwaan	swan

78	de reiger	heron
	de meeuw	seagull
	de pelikaan	pelican
	de pinguin	penguin
	de struisvogel	ostrich
	de pauw	peacock
	de vink	finch
	de zwaluw	swallow
	de spreeuw	starling
	de roofvogel	bird of prey

de adelaar, arend	eagle	79
de havik	hawk	
de valk	falcon	
de kraai	crow	
de raaf	raven	
de nachtegaal	nightingale	
het roodborstje	robin red-breast	
de lepelaar	spoonbill	
de merel	blackbird	

Slakken lusten groene bladeren

het insekt	insect	**80**
de vlieg	fly	
de bromvlieg	blowfly	
de mug	mosquito	
de bij	bee	
de bijenkorf	beehive	
de wesp	wasp	
de krekel	cricket	
de sprinkhaan	grasshopper	
de libel	dragon-fly	
de mier	ant	
de tor, kever	beetle	
de luis	louse	

de termiet, witte mier	termite, white ant	**81**
de spin	spider	
het spinneweb	spider web	
de rups	caterpillar	
de duizendpoot	millepede	
de schorpioen	scorpion	
de vlinder	butterfly	
de mot	moth	
de worm	worm	
de slak	snail; slug	
de kakkerlak	cockroach	
de vlo (pl. -oien)	flea	

82	de garn**aa**l	prawn, shrimp
	de kreeft	crayfish, lobster
	de krab	crab
	de mossel	mussel
	de oester	oyster
	de schelp	shell
	het weekdier	mollusc
	het zoogdier	mammal
	het buideldier	marsupial

Parels worden in oesters gevonden

83	het dier, beest	animal
	verharen	to shed hair
	aaien	to pat, stroke
	kammen	to comb
	de halsband	collar
	aan de lijn	on a leash
	dress**e**ren	to train (a dog, horse)
	zindelijk	house-trained
	de kooi	cage
	het hok	pen, kennel
	het voer	(pet) food

84	het vel	skin (of an animal), fur
	de staart	tail
	de kop	head (of an animal)
	de poot	paw, foot, leg
	de snuit	snout
	bijten*	to bite
	de tepel	nipple
	de uier	udder
	de hoorn	horn
	het gewei	antlers

de vogel	bird	**85**
het nest	nest	
(**uit**)broeden	to hatch (out)	
het ei	egg	
leggen	to lay	
uitkomen*	to hatch (out)	
de vleugel	wing	
het kuiken	chick, young bird	
de bek	beak	
de snavel	bill	
de veer	feather	
de klauw	claw	

Hij is op zolder

THUIS

AT HOME

de woonkamer[1]	lounge-room, living room	**86**
de slaapkamer	bedroom	
de badkamer	bathroom	
de rommelkamer	junk-room	
de keuken	kitchen	
de bijkeuken	laundry	
de kelder	cellar	
de zolder	attic, top floor	
de vliering	attic, loft	
het trappenhuis	stairwell	

de trap	stairs, stairway	**87**
de tree (pl. treden)	step	
de stoep	front step; pavement	
de drempel	threshold	
de mat	mat	
de (voor)deur	(front)door	
de bel	bell	
bellen	to ring, ring the bell	
het slot (pl. sloten)	lock	
de sleutel	key	

1 This room, which is very important in a Dutch house, has a variety of names: *huiskamer, voorkamer, zitkamer.*

88

dicht, gesloten	closed
op slot	locked
het raam	window
de ruit	window pane
het luik	shutter
het plaf**o**nd	ceiling
de grond	floor; ground
de vloer	floor
de hoek	corner

De gordijnen zijn nog steeds dicht

89

de bank	sofa, couch
de stoel	chair
de leunstoel	armchair
de kruk	stool
de schrijftafel	(writing) desk
het bur**eau**	(writing) desk
de serre	alcove, glazed veranda
de erker	bay window
het gord**ij**n	curtain
het r**o**lgordijn	blind
de luxaflex	venetian blind(s)

90

de vensterbank	windowsill
de schoorsteen(mantel)	mantlepiece
de haard	hearth, fireside
de boekenkast	bookcase
de boekenplank	bookshelf
de boekensteun	bookend
de vaas	vase
de lamp	light, lamp
de (gloei)lamp	light, bulb, globe
de schakelaar	switch
de kaars (pl. -rsen)	candle
de kandelaar	candlestick, candle holder

de lont	wick	**91**
de klok	clock	
het schilderij	painting, picture	
de poster (pron. long o)	poster	
het affiche	poster	
de kachel	heater	
de centrale verwarming, cv	central heating	
de meubels	(pieces of) furniture	
het meubilair	furniture, furnishings	
gemeubileerd	furnished	
inrichten	to furnish	

Er hangt nu een schilderij aan de muur

het huis	house, home	**92**
de flat	flat, apartment (building)	
de verdieping, etage	floor, storey	
het dak	roof	
de dakpan	roof tile	
de gevel	gable	
de schoorsteen	chimney	
de muur	wall, garden wall	
de wand	wall	
het hek	fence (low); gate	
de brievenbus	letterbox	

het bed	bed	**93**
het eenpersoonsbed	single bed	
het tweepersoonsbed	double bed	
het ledikant	bedstead	
het hemelbed	four poster bed	
de deken	blanket	
de donsdeken, het dekbed	duvet, down quilt	
het laken	sheet	
het (hoofd)kussen	pillow; cushion	
de/het (kussen)sloop	pillow slip	

94

de kast	cupboard, wardrobe
de la (pl.laden)	drawer
de ladenkast	chest of drawers
het nachtkastje	bedside cupboard, commode
de wekker	alarm-clock
het mat**ra**s	mattress
het vouwbed	fold-up bed
de klapstoel	fold-up chair
een bed **o**pmaken	to make a bed

Dit is een ouderwetse badkuip met warm water erin

95

het bad	bath
de badkuip	bath tub
de douche	shower
het **dou**chegord**ij**n	shower curtain
zich douchen	to shower
de douchecel	shower recess
de wastafel	wash basin
de spiegel	mirror
de spons	sponge
het zeepbakje	soap container
de handdoek	towel

96

de wc	toilet
het toil**et**	toilet
de plee	loo
het wc-pap**ie**r	toilet paper
de bril	toilet seat
d**oo**rspoelen, -trekken	to flush
de riol**e**ring	sewerage
het ri**oo**l	sewer
de wc-borstel	toilet brush
het ontsmettingsmiddel	disinfectant
de tegel	tile

schoonmaken	to clean	**97**
opruimen	to tidy up	
poetsen	to polish, clean (silver, shoes)	
schrobben	to scrub	
de prullenmand	waste-paper basket	
de vuilnisemmer, -bak	rubbish bin, trash can	
de stofzuiger	vacuum cleaner	
stofzuigen	to vacuum clean	
afstoffen	to dust	

De huisvrouw heeft zojuist gestofzuigd

het zeemleer, de zeem	chamois leather	**98**
de ramen zemen	to clean the windows	
het stoffer en blik	shovel and brush	
de bezem	broom	
vegen	to sweep	
de dweil	floor-cloth	
dweilen	to wash (floors)	
het schuurmiddel	powder cleanser	

verven	to paint	**99**
de verf	paint	
behangen*	to wallpaper	
het behang	wallpaper	
vernissen	to varnish	
het vernis	varnish	
de vloerbedekking	floor covering	
het (vloer)kleed	rug	
het tapijt	carpet	

100

de was doen*, wassen*	to do the washing, wash
de wasmand	washing basket
de (was)knijper	peg
de wasmachine	washing machine
de centrif**u**ge	spin-dryer
centrifug**e**ren	to spin-dry
het wasmiddel, -poeder	detergent,
de waslijn	washing line
aan de lijn hangen*	to hang on the line
drogen	to dry
droog	dry
nat	wet

Het water kookt

101

het fornuis	stove
de kookplaat	hotplate
de pit	gas jet, burner
de mixer	mixer
het cakeblik	cake tin
de bakvorm	cake tin
de bakplaat	baking tray
een cake/taart bakken	to bake a cake
een ei/uien bakken*	to fry an egg/onions
vlees braden*	to fry meat
grillen	to grill
de pannenlap	pot mitt

102

de ketel	kettle
de thee	tea
de koffie	coffee
de theepot	teapot
de koffiekan, -pot	coffee pot
thee/koffie zetten	to make tea/coffee
water koken	to boil water
de thee laten trekken*	to let the tea draw
het koffiezetappar**aa**t	coffee machine

de/het aanrecht	kitchen bench	**103**
de gootsteen	sink	
de geizer	hot water system	
de warm-, koudwaterkraan	hot, cold water tap, faucet	
de stop	plug	
de afwas/ vaat doen	to wash up, do the dishes	
het afwasmiddel	detergent	
de afwasmachine	dishwasher	
de theedoek	tea towel	

Ze zet iets in de koelkast

de koel-, ijskast	refrigerator	**104**
het vriesvak	freezer compartment	
de vrieskast	freezer (separate unit), deep-freeze	
de diepvries	deep freeze	
invriezen*	to freeze (tr.)	
laten ontdooien	to defrost, let thaw	
het ijsblokje	ice block	
de groentebak	vegetable compartment	
aan-, **af**slaan*	to switch on, off (intr.)	

(laten) **aa**nbakken,* **aa**nbranden	to burn, stick (food)	**105**
aangebakken, aangebrand	burnt, baked on	
aan de kook brengen*	to bring to the boil	
(laten) koken	to boil	
stoven	to stew	
sudderen	to simmer	
opwarmen	to heat up, reheat	
roeren	to stir	
zouten*	to salt	

106

de pan	pot, saucepan
de koekepan	frying pan
de/het deksel	lid
de snelkoker, snelkookpan	pressure cooker
vuurvast	ovenproof
de kom	bowl
het vergiet	colander
de pollepel	wooden spoon, ladle
de schep	ladle
de/het broodrooster	toaster
de zeef	strainer, sieve
de schaal	(serving) dish, bowl

De tafel is gedekt

107

de tafel	table
de tafel dekken	to set the table
opscheppen	to serve up
de onderzetter	table mat
het bestek	cutlery
de vork	fork
het mes	knife
aan tafel zitten*	to sit at the table
bidden*	to say grace; pray
eet smakelijk	bon appetit
smakelijk eten	bon appetit

108

de afwasborstel	washing-up brush
de vaatdoek	dishcloth
de weegschaal	scale
wegen*	to weigh
de rasp	grater
raspen	to grate
de citr**oe**npers	lemon squeezer
uitpersen	to squeeze (lemons etc.)
het schort	apron
het rec**e**pt	recipe
het kookboek	recipe book

het gereedschap	tools (collective)	**109**
de zaag	saw	
zagen	to saw	
de hamer	hammer	
hameren	to hammer	
de spijker	nail	
de schroef	screw	
de schroevendraaier	screwdriver	
de beitel	chisel	
de bijl	axe	
(om)hakken	to chop (down)	
de sleutel	spanner; key	

Die boom werd helaas omgehakt

de tuin	garden, yard	**110**
tuinieren	to garden	
de kruiwagen	wheelbarrow	
de schop	spade, shovel	
spitten	to dig	
de hark	rake	
harken	to rake	
de (tuin)slang	hose	
de broeikas	glass house	
de vijver	pond	
het bloemenperk	flower bed	
de schutting	(wooden) fence	

de electriciteit	electricity	**111**
de stroom	current	
het stopcontact	power-point, plug, socket	
de stekker	plug (of an appliance)	
het verlengsnoer	extension cord	
de kortsluiting	short circuit	
de zekering, stop	fuse	
doorbranden, -slaan*	to blow, burn out	

RECREATIE EN ONTSPANNING   RECREATION AND RELAXATION

112 de televisie, tv — television
het televisietoestel — television set
de kleurentelevisie — colour tv
de zwartwit-televisie — black and white tv
(op) de radio — (on) the radio
het beeld — picture
het scherm — screen
het geluid — sound
de antenne — antenna, aerial
het net — channel
te hard — too loud
bijstellen — to adjust

Deze televisie doet het niet meer

113 de uitzending — broadcast
uitzenden* — to broadcast
de ontvangst — reception
ontvangen* — to receive
het programma — programme
het f**eui**lleton[1] — serial
de **a**flevering — episode
de (speel)film (pl. -s) — film, movie
het nieuws — news
het weerbericht — weather report

114 de pick-**up**, platenspeler — record player
de gel**ui**dsinstalla**t**ie — hi-fi system
de plaat — record
de langspeelplaat, elpee — LP
de single, singel — single
de hoes — record cover
de band-, cassetterecorder — tape, cassette recorder
de box (pl. boxen) — speaker
de versterker — amplifier
de draaitafel — turntable

1 See footnote to section 10.

de piano[1]	piano	**115**
de vleugel	grand piano	
de cello (pron. sello)	cello	
de viool	violin	
de gitaar	guitar	
de/het klavecimbel	harpsichord	
de fagot	bassoon	
de trompet	trumpet	
de trommel	drum	
het orgel	organ	
de harp	harp	
de hobo	oboe	

Wat kan ze goed zingen, zeg!

de drums	drums	**116**
de fluit	flute	
de blokfluit	recorder	
het strijkinstrument	stringed instrument	
de snaar	string (of violin etc.)	
de toets	(piano) key	
stemmen	to tune	
zuiver/vals	in/out of tune	
op de maat der muziek	in time to the music	
de klarinet	clarinet	

de zanger(es)	singer	**117**
zingen*	to sing	
het lied (pl. -eren)	song	
de melodie	tune, melody	
de muziek	music	
musiceren	to play music	
de musicus (pl. -ici)	musician	
de muzikant	street musician, busker	
dansen	to dance	
de dans	dance	
het orkest	orchestra	

1 'To play the piano, guitar' etc. is *piano/gitaar spelen* i.e. without an article.

118

het spel(letje) (pl. spelen)	game
kaarten	to play cards
biljarten	to play billiards[1]
tennissen	to play tennis
hockeyen	to play hockey
voetballen	to play football
het doel	goal
schoppen	to kick
scoren	to score
de bal	ball

Deze sok is al een paar keer gestopt

119

de vingerhoed	thimble
naaien	to sew
de naaimachine	sewing machine
de naald	needle
breien	to knit
de breipen, -naald	knitting needle
haken	to crochet
borduren	to embroider
verstellen	to repair, mend, patch
stoppen	to darn

120

het patroon	pattern
het garen	thread
de bol wol	ball of wool
de streng, het klosje garen	skein, reel of thread
schilderen	to paint
de(water-, olie-)verf	(water, oil) paint
de penseel	paint brush (artist's)
tekenen	to draw
de tekening	drawing

1 It is also possible to say in Dutch *biljart spelen, tennis spelen, voetbal spelen* etc.

roken	to smoke	**121**
de (niet-)roker	(non-)smoker	
de pijp	pipe	
de sigaret(pl. -ten)	cigarette	
de sigaar	cigar	
de shag (pron. shek)	roll-your-own tobacco	
het sjekkie (coll.)	roll-your-own cigarette	
het vloeitje	cigarette paper (individual)	
aansteken*¹	to light (up)	
de aansteker	lighter	
de asbak	ashtray	
de lucifer	match	

Hij vindt de sigaar van die meneer heerlijk ruiken

het reisbureau	travel agency	**122**
het strand	beach	
de badplaats	seaside resort	
het vakantieoord	holiday resort	
de zee	sea	
aan zee	at the seaside	
de golf	wave	
de branding	surf, breakers	
het zand	sand	
(aan) de kust	(on) the coast	

het zandkasteel	sand castle	**123**
de parasol	umbrella	
verbrand	sunburnt	
de zonnebrand	sunburn	
de zonnesteek	sunstroke	
bruin worden*	to tan, get brown	
zwemmen*	to swim	
duiken*	to dive	

1 *Een pijp/cigaret opsteken* = to smoke a pipe/cigarette.

124

de fotograf**ie**	photography
de fotogr**aa**f	photographer
fotograf**er**en	to photograph
een foto maken	to take a photo
de dia	slide
het diaraampje	slide frame
het fototoestel	camera
het filmpje	roll of film
de (kleuren)foto	photo
ont**w**ikkelen	to develop
over-, **o**nderbelicht	over-, under-exposed

De fotograaf maakt een foto van dit stel

125

de biosc**oo**p	cinema
de schouwburg	theatre
het the**a**ter	theatre
het ton**ee**l	stage; theatre (fig.)
het ton**ee**lstuk	play
het lok**et**	ticket box
het kaartje	ticket
bespreken*	to book
de loge	box, dress circle
de zaal, part**e**rre, stalles	stalls

126

de v**oo**rstelling	performance, session
vertonen	to show (a film)
het doek	screen (in a cinema)
de pauze	intermission
repet**er**en	to rehearse
de repet**i**tie	rehearsal
souffl**er**en	to prompt
de souffl**eur**	prompt(er)
de ouvr**eus**e	usherette
de toeschouwer(s)	spectator, (audience)
het publ**ie**k	audience
het appl**au**s	applause

vissen (naar)	to fish (for)	**127**
de visser	fisherman	
de hengelaar	angler	
de hengel	rod	
hengelen	to angle	
de vislijn	fishing line	
het (lok)aas	bait	
de haak	hook	
het zinklood	sinker	

Het paspoort moet door de douanebeambte gestempeld worden

REIZEN

TRAVEL

reizen (n.)	travel; to travel	**128**
de reis	trip, journey	
het ticket	ticket (large i.e. plane ticket)	
de koffer	suitcase	
inpakken	to pack	
uitpakken	to unpack	
het paspoort	passport	
geldig	valid	
het buitenland	abroad	
de buitenlander	foreigner	
de grens (pl. grenzen)	border	

de douane	customs	**129**
de douanebeambte	customs officer	
aangeven*	to declare	
smokkelen	to smuggle	
het wisselkantoor	exchange office (money)	
wisselen	to change (money)	
oversteken*	to cross (border, road)	
de pasfoto	passport photo	
uitgereikt	issued	
de verblijfsvergunning	residence permit	
verlopen*	to expire, expired	
het visum	visa	

130 het vliegtuig	aeroplane
vliegen*	to fly
de gezagvoerder	captain
de steward	steward
de steward**ess** (pl. -en)	stewardess, hostess
de bemanning	crew
het vliegveld	airport
opstijgen*	to take off
landen	to land
inchecken	to check in
het straalvliegtuig	jet
de piloot	pilot

Een verlaten eilandje met kokospalmen

DE AARDE EN DE RUIMTE   THE EARTH AND SPACE

131 het land	land; country
de oce**aa**n	ocean
het meer	lake
het eiland	island
het schiereiland	peninsula
het gebergte	mountain range
de berg	mountain
de **e**venaar	equator
132 het kan**aa**l	canal (in the country)
de gracht	canal (in the city)
de sloot	ditch
de kust	coast
het duin	dune; dunes (collective)
het bos	forest
bebost	forested, covered in trees
de rivi**e**r	river
de beek	brook, stream
het moer**a**s	swamp

het landschap	landscape	**133**
de heuvel	hill	
h**eu**velachtig	hilly	
b**e**rgachtig	mountainous	
het rav**ij**n	ravine, gorge, gully	
de woest**ij**n	desert	
de vulk**aa**n	volcano	
de aardbeving	earthquake	
vlak	flat	
de vlakte	plain	
de polder	polder, reclaimed land	
dr**oo**gleggen	to reclaim	

De beek kronkelt door het landschap

de lucht[1]	air; sky	**134**
de hemel[1]	sky; heaven	
de ster	star	
het sterrenbeeld	constellation	
de melkweg	milky way	
de zon	sun	
de maan	moon	
de zonne-, maneschijn	sunshine, moonlight	
de plan**ee**t	planet	
schijnen*	to shine; seem	

zonnig	sunny	**135**
het zonlicht	sunlight	
de zonnestraal	sunbeam	
de zonsopgang	sunrise	
de zonsondergang	sunset	
opkomen*	to rise	
ondergaan*	to set	
de sch**e**mering	dusk, twilight	

1 NB: *een ster aan de hemel* = a star in the sky, but
een vliegtuig/wolk in de lucht = a plane/cloud in the sky.

136 de windrichtingen	points of the compass
het noorden	north
het zuiden	south
het oosten	east
het westen	west
het noordoosten etc.	north-east etc.
noordelijk etc.	northern etc.
Noord-, Zuid-	North(ern), South(ern)
Oost-, West-Duitsland etc.	East(ern), West(ern) Germany etc.
de noord-, zuidpool	north, south pole
de tropen	tropics

Het onweert

HET WEER
THE WEATHER

137 het klim**aa**t	climate
de kou	cold
de warmte	warmth, heat
de hitte	heat
5 graden etc.	5 degrees etc.
het ijs	ice
de m**a**ximumtempera**tuur**	maximum temperature
de minimumtempera**tuur**	minimum temperature
de dauw	dew
de mist	fog
de vorst	frost
de sneeuw	snow
138 de wolk	cloud
de bewolking	cloud cover
bewolkt	cloudy, overcast
de regen	rain
de motregen	drizzle
de (regen)bui	shower
buïig	showery
de hagel	hail
de donder	thunder
de bliksem	lightning
het **o**nweer	thunderstorm
de storm	storm

vriezen*	to freeze	**139**
sneeuwen	to snow	
donderen	to thunder	
bliksemen	to lighten	
regenen	to rain	
dooien	to thaw	
stijgen*	to rise (temperature)	
dalen	to drop (temperature)	
opklaren	to clear up	
omslaan*	to change (weather)	

Een regenboog komt tevoorschijn

koud	cold	**140**
warm	warm, hot	
heet	(very) hot	
lauw	lukewarm	
de hittegolf	heatwave	
de ijspegel	icicle	
vochtig	humid; moist	
de vochtigheid	humidity	
het donker	dark (adj. and noun)	
de (lucht)vervuiling	(air) pollution	

mooi weer[1]	nice weather	**141**
fris, kil	fresh, chilly	
tropisch	tropical	
mistig	foggy	
wisselvallig	unpredictable, changeable	
de regenboog	rainbow	
de orkaan	hurricane	
de droogte	drought	
de overstroming	flood	

1 'The weather is nice today' = *Het is vandaag mooi weer.*

GEZONDHEID (c.)   HEALTH

142

de dokter	doctor
de arts	doctor
de oog-, huidarts etc.	eye, skin specialist etc.
de afspraak	appointment
de spreekkamer	surgery
zich melden	to report, register
de zuster	sister, nurse
de patiënt	patient
de chirurg	surgeon
opereren	to operate
een operatie ondergaan*	to undergo an operation

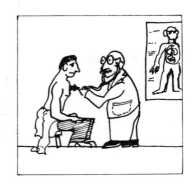

De dokter onderzoekt een patiënt

143

het ziekenhuis	hospital
de opname	admission
opnemen*	to admit (to hospital)
de polikliniek	out-patients' clinic
de ziekenauto	ambulance
verplegen	to nurse
de zaal	ward
de operatiekamer	operating theatre

144

bleek	pale, pallid
suikerziekte (hebben)	diabetes (to be diabetic)
de geelzucht	jaundice
flauwvallen*	to faint
herstellen	to recover
genezen*	to cure, heal; healed
ontstoken	infected, inflamed
de ontsteking	infection, inflamation
besmettelijk	contagious
besmetten	to infect, contaminate
de uitslag	rash

de diarr**ee**	diarrhoea	**145**
de indigestie	indigestion	
hoge/lage bloeddruk	high/low blood pressure	
de verstopping	constipation	
verstopt	constipated	
de (water)pokken	(chickenpox), smallpox	
de m**a**zelen	measles	
de rodeh**o**nd	German measles	
de bof	mumps	
kou vatten	to catch a cold	
verkouden zijn*	to have a cold	
de griep[1]	influenza, flu	

De pastoor heeft kou gevat

het ziekenfonds	health fund	**146**
vergoeden	to refund, reimburse	
de vergoeding	refund	
de apoth**ee**k	chemist shop	
de apoth**e**ker	chemist	
het rec**e**pt	prescription	
v**oo**rschrijven*	to prescribe	
de medic**ij**n	medicine	
de/het tabl**e**t	tablet	
de/een pil slikken	to take the/a pill	

de tandarts	dentist	**147**
kiespijn hebben*	to have (a) toothache	
het gaatje	cavity	
de rotte kies/tand	decayed molar/tooth	
vullen	to fill	
de vulling	filling	
de brug	bridge	
het (kunst)gebit	(false) teeth (collective)	
(laten) trekken*	(to have pulled) pull, extract	
d**oo**rlichten	to x-ray	
de röntgenfoto	x-ray	

1 Although *griep* literally means 'flu', the Dutch tend to use it as a synonym for *verkoudheid* i.e. cold.

148

de boor	drill
boren	to drill
de tandzijde	dental floss
de tandpasta	tooth-paste
je tanden poetsen	to clean your teeth
het tandsteen	scale
polijsten	to polish
verdoven	to anaesthetise
de injectie, prik	injection, needle

Buitenlandse valuta's kan men op deze bank wisselen

GELD EN FINANCIËN (n. and pl.)   MONEY AND FINANCE

149

de munt	coin; mint
het bankbiljet	banknote
het briefje van vijf/tien	5/10 guilder note
de gulden[1]	guilder
de cent	cent
de stuiver	5 cents (Dutch currency)
het dubbeltje	10 cents (Dutch currency)
het kwartje	25 cents (Dutch currency)
de rijksdaalder	2½ guilders (Dutch currency)

150

de dollar	dollar
het pond	pound
de prijs	price; prize
betalen	to pay (for)
kopen*	to buy
verkopen*	to sell
het kleingeld	change
kleinmaken	to change (into smaller amounts)
de belasting	tax
belasten	to tax
de BTW[2]	VAT (Value Added Tax)

1 The words guilder and cent, when used in prices, are always left in the singular after numerals e.g. *tien gulden, vijf cent*; the plural refers to guilder and cent coins e.g. *tien guldens* = ten one-guilder coins. The symbol *f.* (= *florijn*) is used when giving prices e.g. *f.10,50*.

2 BTW = *Belasting Toegevoegde Waarde*.

de hypoth**ee**k	mortgage, home loan	**151**
lenen	to lend; borrow	
de lening	loan	
afbetalen	to pay off	
de rente	interest	
uitgeven*	to spend (money only)	
besteden (aan)	to spend (on) (money and time)	
verdienen	to earn; deserve	
financi**e**ren	to finance	
de subs**i**die	subsidy	
subsidi**ë**ren	to subsidise	

Hij stopt een munt in zijn spaarpot

het rekenen	arithmetic	**152**
optellen	to add up	
aftrekken*	to subtract	
vermenig**vu**ldigen (met)	to multiply (by)	
delen (door)	to divide (by)	
uitrekenen	to work out, calculate	
het rekenmachientje	calculator	
de **za**kcalcul**a**tor	calculator	
4 en/plus (min) 2 is ?	4 and/plus (minus) 2 equals ?	

(op) de bank	(at) the bank	**153**
de spaarrekening	savings account	
de lopende rekening	current account	
sparen	to save	
het spaarboekje	savings book	
de spaarpot	money-box	
storten	to deposit	
opnemen*	to withdraw	
de cheque	cheque	
uitschrijven*	to write out (a cheque)	
(onder)t**e**kenen	to sign	
de handtekening	signature	

DE GODSDIENST

RELIGION

154

de kerk	church
de kerkdienst	church service
de dominee	(protestant) minister
de pastoor	(catholic) priest
preken	to preach
de preek	sermon
de preekstoel, kansel	pulpit
de Bijbel	Bible
het gezang	hymn
het koor	choir

Deze vrome monnik is aan het bidden

155

het schip	aisle, nave
het altaar	altar
het doopvont	font
dopen	to baptise, christen
het geloof	faith, belief
geloven	to believe
gelovig	religious
bijgelovig	superstitious
de dom, kathedraal	cathedral
de kapel	chapel

156

(de) God	(the) God
de monnik	monk
de non	nun
de abt	abbot
de abdij	abbey
het klooster	monastery
het nonnenklooster	nunnery
de (aarts)bisschop	(arch)bishop
het bisdom	bishopric
de moeder-overste	mother superior

biechten	to confess (only in church)	**157**
de biechtstoel	confessional	
vergeven*	to forgive	
de vergiffenis	forgiveness	
de genade[1]	mercy	
de zonde	sin	
zondigen	to sin	
de hel[2]	hell	
de hemel[1]	heaven	
de duivel	devil	
de engel	angel	

De kerstboom is heel mooi versierd

het avondmaal	holy communion	**158**
de christen (pl. -en)	christian	
christelijk	christian (adj.)	
de mohammedaan(s)	Muslim (adj.)	
de jood(s)	Jew (Jewish)	
de vloek	curse	
het scheldwoord	swearword	
vloeken	to swear, curse	
de ziel	soul	
de wierook	incense	

DE PLANTENWERELD   FLORA

de eik, eikeboom	oak, oak-tree	**159**
de eikel	acorn	
de beuk, beukeboom	beech, beech-tree	
de iep	elm, elm-tree	
de es	ash	
de populier	poplar	
de denneboom, naaldboom	pine-tree, conifer	
de denneappel	pine-cone	
de loofboom	deciduous tree	
het loof	foliage	

1 *Genade* and *hemel* are also used as exclamations, cf. heavens!
2 The definite article is always used with *hel* and *hemel* e.g. *Hij is in de hemel* = He is
   in heaven.

160

de wilg	willow
de treurwilg	weeping willow
de ahorn	maple
de palm(boom)	palm(tree)
de kokospalm	coconut palm
de kokosnoot	coconut
de bamboe	bamboo
de varen	fern
de struik	shrub, bush

Tulpen bloeien in de lente

161

de roos	rose
de anjer	carnation
het viooltje	violet, pansy
het vergeetmijnietje	forget-me-not
het madeliefje	daisy
de paardebloem	dandelion
de klaproos, (papaver)	poppy, (opium poppy)
de zonnebloem	sunflower
de chrysant	chrysanthemum
de gladiool	gladiolus
de narcis	daffodil
de hyacint	hyacinth

162

de bol	bulb
de bollenvelden	bulb fields
de tulp	tulip
het zaad	seed
de wortel	root
de geur	scent
het blad (pl. -eren)	leaf
de stam	trunk
de tak	branch
de stengel	stalk, stem
water geven*	to water

de rododendron	rhododendron	**163**
de camelia	camellia	
de geranium	geranium	
het onkruid	weed (also collective)	
de distel	thistle	
de cactus (pl. -sen)	cactus	
de hei	heather, heath	
de brandnetel	stinging nettle	
het mos	moss	
de klaver	clover	
de klimop	ivy	

Deze drie kamerplanten staan op de vensterbank

de orchidee	orchid	**164**
de hortensia	hydrangea	
de azalea	azalea	
de kamerplant	indoor plant	
de bloempot	flowerpot	
groeien	to grow (intr.)	
kweken, telen	to grow (tr.)	
de mest	manure, fertiliser	
bemesten	to fertilise	
wieden	to weed	

HET LEVEN EN DE DOOD   LIFE AND DEATH

de geboorte	birth	**165**
bevallen*	to give birth	
trouwen (met iemand)	to marry (s.o.)	
het huwelijk	marriage	
de huwelijksreis	honeymoon	
scheiden*	to divorce, separate	
de (echt)scheiding	divorce	
de scheiding van tafel en bed	separation	
sterven* (aan)	to die (of)	
overlijden*	to pass away	
de abortus	abortion	

166	de begrafenis	funeral, burial
	de begrafenisondernemer	funeral director, undertaker
	het lijk	body, corpse
	begraven*	to bury
	het graf (pl. graven)	grave
	de grafsteen	gravestone
	het kerkhof	graveyard
	de begraafplaats	cemetery
	rouwen	to mourn
	in de rouw zijn*	to be in mourning
	de doodskist	coffin
	de lijkwagen	hearse

Een krans voor een dode

DE KALENDER

THE CALENDAR

167	januari	January
	februari	February
	maart	March
	april	April
	mei	May
	juni	June
	juli	July
	augustus	August
	september	September
	oktober	October
	november	November
	december	December

168	maandag	Monday
	dinsdag	Tuesday
	woensdag	Wednesday
	donderdag	Thursday
	vrijdag	Friday
	zaterdag	Saturday
	zondag	Sunday
	(in) het weekend	at/on the weekend
	de werkdag	working day
	een vrije dag	a day off
	de week	week
	de maand	month

de zomer[1]	summer	169
de winter	winter	
de herfst	autumn	
de lente	spring	
het seizoen	season	
de ochtend, morgen	morning	
de middag	afternoon	
de avond	evening, night (before bedtime)	
de nacht	night	

De paashaas draagt zijn eieren in een mand

van de week, zomer etc.	this week, summer etc.	170
vannacht	tonight, last night (after lights out)	
vandaag	today	
vanavond	this evening, tonight (before bedtime)	
vanmiddag	this afternoon	
gisteren	yesterday	
eergisteren	the day before yesterday	
morgen	tomorrow	
overmorgen	the day after tomorrow	
morgenochtend	tomorrow morning	

(met) Kerstmis	(at) Christmas	171
de eerste kerstdag	Christmas Day	
de tweede kerstdag	Boxing Day	
de kerstavond	Christmas Eve	
de kerstvakantie	Christmas holidays	
de kerstman[2]	Father Xmas	
(met) Pasen	(at) Easter	
de eerste paasdag	Easter Sunday	
de tweede paasdag	Easter Monday	
Goede Vrijdag	Good Friday	
de paashaas	Easter Bunny	
het paasei	Easter egg	

1 'In summer, winter' etc. is *'s zomers', 's winters* but *in de herfst/lente* and also *in de zomer/winter*. 'In the morning, evening' etc. is also *'s morgens, 'savonds, 's middags, 's nachts*.
2 Father Xmas is not a concept in Holland and the word *Sinterklaas* is used for the bishop St. Nicolaas (St. Nicholas) and thus cannot translate Santa Claus.

172

Pinksteren	Whitsuntide (Pentecost)
Aswoensdag	Ash Wednesday
nieuwjaarsdag	New Year's Day
oudejaarsavond	New Year's Eve
carnaval	Mardi Gras
moederdag	Mothers' Day
vaderdag	Fathers' Day
de verjaardag[1]	birthday
dodenherdenking	remembrance day
Wapenstilstandsdag	Armistice Day
Sinterklaas	St. Nicholas' Day (6th Dec.)

Hij huilt omdat hij voor een examen gezakt is

173

de tijd(en)	time(s)
tegenwoordig	nowadays
het verleden	past
de toekomst	future
het jaar	year
het schrikkeljaar	leap-year
het decennium (pl. -ia)	decade
de eeuw	century
de middeleeuwen	Middle Ages
middeleeuws	medieval
het tijdperk	period, era

OP SCHOOL/ AAN DE UNIVERSITEIT
AT SCHOOL/ AT THE UNIVERSITY

174

de lagere school	primary school
de middelbare school	secondary school, high-school
de academie	tertiary institution
de universiteit, (hogeschool)	university
het (eind)examen	(final) exam (at school)
de test, toets	test
het rapport	report
het cijfer	mark
slagen (voor)[2]	to pass
zakken (voor)[2]	to fail

1 When is your birthday? = *Wanneer ben je jarig?*
2 He has passed/failed Dutch = *Hij is voor Nederlands geslaagd/gezakt.*

het bord	blackboard	**175**
het krijt	chalk	
de wandkaart	wall map	
het klaslokaal	classroom	
de aula	assembly hall, large lecture theatre	
de collegezaal	lecture theatre	
de klas	class	
de leerling	(school) student, pupil	
de student(e)	(university) student (fem.)	
de/het lesrooster	timetable	

De lerares staat iets op het bord te schrijven

de onderwijzer(es)	primary teacher (fem.)	**176**
de leraar, (lerares)	secondary teacher, (female)	
de leraar Duits etc.	German teacher etc.	
leren	to learn	
lesgeven*(in)	to teach (a subject)	
de les	lesson	
de cursus	course	
een cursus volgen	to do a course	
het college	lecture	
het vak	subject	
het hoofdvak	main subject, major	
het bijvak	secondary subject, sub-major	

nakijken*, korrigeren	to check, correct	**177**
inleveren	to hand in	
de aantekeningen	(lecture) notes	
het mondeling examen	oral exam	
het schriftelijk examen	written exam	
het talenlaboratorium	language laboratory	
het talenpracticum (pl. -a)	language laboratory class	
afstuderen	to graduate	
het toelatingsexamen	admission exam, matriculation	
zich inschrijven*	to enrol	
de inschrijving	enrolment	

178

de leerkracht	teacher, member of staff
de docent(e)[1]	lecturer (fem.)
de hoogleraar	professor
het instituut	institute, department (Dutch uni.)
promoveren	to do a doctorate
de dissertatie	doctoral thesis
het proefschrift	doctoral thesis
de scriptie	(non-doctoral) thesis
het opstel, essay	essay
de pedagogische akademie	teachers' college
de onderwijsbevoegdheid	diploma of education
het onderwijs	education, schooling
de opleiding[2]	(one's) education, training

De hoogleraar is ietsje verstrooid

179

de geschiedenis	history
de aardrijkskunde	geography
de maatschappijleer	social studies
de wiskunde	mathematics
de scheikunde	chemistry
de natuurkunde	physics
de biologie	biology
de ekonomie (sing.)	economics
de politiek (sing.)	politics
de taalkunde, linguïstiek	linguistics
de lit(t)eratuur, letterkunde	literature

180

de geneeskunde	medicine
medicijnen (pl.)[3]	medicine
rechten (pl.)[3]	law
de diergeneeskunde	veterinary science
de tandheelkunde	dentistry
letteren (pl.)[3]	arts
de filosofie, wijsbegeerte	philosophy
de psychologie	psychology
de pedagogiek	(theory of) education
de fakulteit	faculty

1 At Dutch universities, where lecturing staff devote the larger part of their time to research, the word *wetenschappelijk medewerker* is used instead of *docent*.
2 *Opleiding* is what one gets at school, university etc.
   Opvoeding is what one gets at home i.e. upbringing.
   NB: *lichamelijke opvoeding* = physical education, P.T.
3 If these nouns are ever the subject of a sentence they are followed by a singular verb.

TAAL (c.)

LANGUAGE

het alfabet	alphabet	**181**
de spelling	spelling	
spellen	to spell	
de grammatika, spraakkunst	grammar	
grammatikaal	grammatical	
vervoegen	to conjugate	
de vervoeging	conjugation	
verbuigen*	to inflect	
de verbuiging	inflection	
de uitgang	ending (grammatical)	
de naamval	case	
de tijd	tense	

Het Griekse alfabet is erg moeilijk, niet waar?

de tegenwoordige tijd	present tense	**182**
de verleden tijd	past tense	
de toekomende tijd	future tense	
het werkwoord	verb	
het lidwoord	article	
het bijwoord	adverb	
het zelfstandig naamwoord	noun	
het bijvoeglijk naamwoord	adjective	
het voornaamwoord	pronoun	
het voorzetsel	preposition	

het onderwerp	subject	**183**
het lijdend voorwerp	direct object	
het meewerkend voorwerp	indirect object	
het hulpwerkwoord	auxiliary verb	
het (voltooid)deelwoord	(past) participle	
(on)bepaald	(in)definite	
de woordvolgorde	word order	
de zin	sentence	
de bijzin	clause	
de hoofdzin	main clause	

184

de klinker, vok**aa**l	vowel
de medeklinker, konson**a**nt	consonant
de regel	rule
de lettergreep	syllable
het enkelvoud	singular
het meervoud	plural
mannelijk	masculine
vrouwelijk	feminine
onz**ij**dig	neuter
het geslacht	gender

Deze jood spreekt Hebreeuws en woont in Israël

185

de spraak	speech
het spraakgebrek	speech defect
de **ui**tspraak	pronunciation
uitspreken*	to pronounce
oefenen	to practise
de oefening	exercise; practice
de vormleer	morphology
de klankleer	phonology
de klankleer, fonet**ie**k	phonetics
de zinsleer, syntaxis	syntax

186

Nederlands, Hollands	Dutch
Engels	English
Duits	German
Frans	French
Itali**aa**ns	Italian
Spaans	Spanish
Portug**ee**s	Portuguese
Russisch	Russian
(Oud)Grieks	(Ancient) Greek
(Nieuw)Hebr**eeu**ws	(Modern) Hebrew
Lat**ij**n(s)	Latin (adj.)

LEZEN EN SCHRIJVEN

READING AND WRITING

lezen*	to read	**187**
uitlezen*	to finish reading	
de slappe/harde kaft	soft/hard cover	
de bladwijzer	bookmark	
de p**a**gina, bladzij(de)	page	
de rom**a**n	novel	
het stripverhaal	comic	
het woordenboek	dictionary	
n**a**kijken*	to look up	
het schrift	exercise book	
het handschrift	handwriting	

De typiste kan heel goed tikken

de schrijfwaren (pl.)	stationery	**188**
de brief	letter	
schrijven*	to write	
de pen	pen	
de vulpen	fountain-pen	
de ballpoint	ball-point	
de vulling	refill	
de inkt	ink	
het potlood	pencil	
het vl**oe**ip**a**pi**er**	blotting paper	

het gom(metje)	rubber, eraser	**189**
uitgommen	to rub out, erase	
de/het lini**aa**l	ruler	
overschrijven*	to copy (out)	
opschrijven*	to write down	
de schrijfmachine	typewriter	
het lint	typewriter ribbon	
de paperclip	paperclip	
fotokopi**ë**ren	to photocopy	
de (foto)kop**ie**	(photo)copy	
het fotokopi**ee**rappar**aa**t	photocopy machine	

190

de schrijver, schrijfster	writer, author, (female)
de poëz**ie**	poetry
het gedicht	poem
de dichter	poet
het proza	prose
het sprookje	fairy-tale
de bloemlezing	anthology
het plaatje	picture, illustration
de editie, uitgave	edition
het exemplaar	copy (of a book)
de voetnoot	footnote

Op deze plank staan twee exemplaren van hetzelfde boek

191

de krant	newspaper
het dagblad (pl. -bladen)	daily
het weekblad	weekly
het maandblad	monthly
het knipsel	cutting
de rubr**ie**k	column
de kop	headline
drukken	to print; press
uitgeven*	to publish
het tijdschrift	magazine, periodical
het damesblad	women's magazine

192

de interp**u**nctie, leestekens	punctuation
de alinea	paragraph
de punt	full stop, period
de punt-komma	semi-colon
de dubbele punt	colon
het dict**ee**	dictation
de (hoofd)letter	(capital) letter
zeer belezen	well-read (of people)

HET RIJK

THE NATION

het ministerie	ministry, department	**193**
Onderwijs en Wetenschappen	Education and Science	
Financiën	Treasury	
Defensie	Defence	
Binnenlandse Zaken	Home Affairs	
Buitenlandse Zaken	Foreign Affairs	
Volksgezondheid	Public Health	
Volkshuisvesting	Housing	
Werkgelegenheid	Employment	
Sociale Zaken[1]	Social Services	

De koning is het stautshoofd

het koninkrijk	kingdom	**194**
de koning(in)	king (queen)	
de graaf	count	
de gravin	countess	
het graafschap	county	
de hertog (pl. -ogen)	duke	
de hertogin	duchess	
het hertogdom	duchy	
de prins(es)	prince (princess)	
de keizer(in)	emperor (empress)	
de adel	nobility	
de edelman	noble, aristocrat	

het volk	(the) people; masses	**195**
het volkslied	national anthem	
de hoofdstad	capital city	
de provincie	province	
de deelstaat	state, province	
de grondwet	constitution	
de demokratie	democracy	
demokratisch	democratic	
de republiek	republic	

1 The services one receives are *sociale voorzieningen* i.e. benefits, whereas the
financial assistance or pension one receives is an *uitkering*.

196

de monarchie	monarchy
het koningshuis	royal house
de regering	government
het parlement	parliament
het parlementsgebouw	parliament house
de eerste/tweede kamer	upper/lower house
de eerste minister	prime minister
de minister-president	prime minister (of the Netherlands)
de president	president
het parlementslid (pl. -leden)	member of parliament
de parlementariër	member of parliament
de politieke partij	political party

De politicus houdt een toespraak

197

de rijksambtenaar	civil servant
de politicus (pl. -ici)	politician
de politiek	politics
politiek	political
de verkiezing	election
stemmen	to vote
de stem	vote
de kiezer	voter
de meerderheid	majority
de minderheid	minority

198

het comité	committee
de voorzitter	chairman
het bestuur	administration
vergaderen	to meet
de vergadering	meeting
de bijeenkomst	meeting, gathering
de vereniging	society, club
het congres	conference
een beslissing nemen*	to make a decision
beslissen, besluiten*	to decide
het besluit	decree; decision

VERKEER (n.)

TRAFFIC

de auto, wagen	car	**199**
de fiets	bicycle	
de bromfiets, brommer	moped, small motor bike	
de motor (pl. -s)	motor bike (large)	
de taxi (pl. 's)	taxi	
de vrachtwagen	truck, lorry	
de bestelwagen	(delivery) van, light truck	
de verhuiswagen	removal van	
de takelwagen	breakdown truck, tow-truck	

Hij rijdt veel te hard

de bus	bus	**200**
de tram (pl. -s)	tram	
de bus-, tramhalte	bus, tram stop	
het verkeers-, stoplicht	traffic light	
het kruispunt	cross-road	
de zebra, oversteekplaats	pedestrian crossing	
het verkeersbord	traffic sign	
parkeren	to park	
het parkeerterrein	parking area	
de bekeuring	fine	
de vluchtheuvel	traffic island	
de rotonde	round-about	

voorrang verlenen	to give way	**201**
voorrang hebben*	to have right of way	
de omleiding	detour	
de maximumsnelheid	speed limit	
te hard rijden*	to drive too quickly, speed	
de file, opstopping	traffic jam	
het ongeluk	accident	
het rijbewijs	driver's licence	
het nummerbord	number plate	
de verzekering	insurance	
verzekeren	to insure	

202

het stuur	steering wheel
het dashboard	dashboard
de koplamp	headlight
het wiel	wheel
de band	tyre
de binnenband	tube
de bumper	bumper
de motorkap	hood, bonnet
de achterbak	boot, trunk
de voor-, achterbank	front, back seat

Een splinternieuwe race-auto

203

de versnelling	gear
de koppeling	clutch
de richtingaanwijzer	indicator
de voor-, achterruit	front, back windscreen
de ruitenwisser	windscreen wiper
de motor (pl. -oren)	engine
de uitlaat	exhaust
de (hand)rem	(hand)brake
remmen	to brake
schakelen	to change gear

204

de wegenwacht	R.A.C., A.A. etc. (road service)
één op vijftien etc.	15 to the litre etc.
het spatbord	mudguard
achteruit rijden*	to back, drive backwards
afslaan*	to stall
beslagen	misted up (windows)
de accu	battery
de bougie	spark-plug
de vering	suspension
de schokbreker	shock absorber
de krik	jack

inhalen	to overtake, pass	**205**
gas geven	to accelerate	
het gaspedaal	accelerator	
de olie	oil	
de benzine	petrol, gas	
tanken (pron. tenken)	to fill up	
het tankstation	filling station, garage	
de bezinepomp	petrol pump	
een lekke band	a flat tyre, puncture	
oppompen	to pump up	
smeren	to lubricate, grease	
de smering	lubrication	

Deze jongen is aan het liften

de straat	street	**206**
de weg	road	
het wegdek	road surface	
de autosnelweg	freeway	
de op-, afrit	entry, exit (freeway)	
de laan	avenue	
de steeg	lane, alley	
het pad (pl. paden)	path	
het fietspad	bicycle path	
de rijbaan	lane (of a road)	
de vierbaans-weg	four-laned road	
de hoofdweg	highway	

de voetganger	pedestrian	**207**
de automobilist	motorist	
de fietser	cyclist	
de chauffeur	driver	
de passagier, inzittende	passenger	
het wandelgebied	mall, pedestrian precinct	
gaan* wandelen	to go for a walk	
de wandeling	walk, hike	
liften	to hitch-hike	
de lifter	hitch-hiker	
meenemen*	to pick up (s.o.)	

OP HET STATION

AT THE STATION

208 de spoorweg (pl. -wegen)	railway
het lok**e**t	ticket window
het kaartje	ticket
het abonnem**e**nt	concession
een enkele reis, enkeltje	one-way fare
een retour(tje)	return fare
de wachtkamer	waiting room
het perr**o**n	platform
het spoor	rails, track
spoor 12	platform 12

De trein staat op het punt de brug over te rijden

209 de vertraging	delay
vertraagd	delayed, late (of trains, buses)
de aankomst	arrival
het vertrek	departure
vertrekken*	to depart, leave (intr.)
de trein	train
de coupé	compartment
eerste/tweede klas	first/second class
de intercity	express
de stoptrein	non-express train
in-, **ui**t-, **o**verstappen	to get in, out, change

OP HET POSTKANTOOR

AT THE POST-OFFICE

210 de P.T.T.[1]	post and telegraph
het hoofdpostkantoor	general post-office
de post	mail
de postzegel	stamp
het luchtpostblad (pl. -en)	aerogramme
de **a**nsichtkaart, **a**nsichtje (n.)	picture postcard
de envel**o**ppe	envelope
posten	to post
de brievenbus	letter-box (at home and street corner)
de postbus	private box, P.O. box

1 *PTT = Posterijen, Telegrafie en Telefonie.*

aantekenen	to register (a letter)	211
het drukwerk	printed matter	
met/per zeepost	by surface mail	
met/per luchtpost	by airmail	
dringend	urgent	
het telegram	telegram	
het pakket, pakje	parcel	
het cadeau (also: kado)	gift, present	
het monster	sample	
de postwissel	money-order	

De koe staat in de wei te grazen

het loket	counter (in a post-office or bank)	212
het posttarief	postal charge, price	
stempelen	to stamp	
een touwtje om iets doen*	to put string around (s.t.)	
de postbode	postman, mailman	
post bestellen	to deliver mail	
de (het) legitimatie(bewijs)	personal identification	
lichten	to empty (a letter-box)	

OP HET PLATTELAND

IN THE COUNTRY

de boerderij	farm	213
de boer	farmer	
boeren	to farm	
de boerin	farmer's wife	
het landgoed	country estate	
het landhuis	country house, mansion	
het weiland	pasture land, field	
het hooi	hay	
de hooimijt, -berg	haystack	
grazen	to graze	
het prikkeldraad	barbed wire	

214	de stal	stable
	melken*	to milk
	de ploeg	plough
	ploegen	to plough
	de traktor	tractor
	de landbouw	agriculture
	de akker	field (arable)
	de oogst	harvest
	oogsten	to harvest

Het graan moet nu geoogst worden

215	het koren	grain
	het graan	wheat (general term)
	de tarwe	wheat
	de maïs	maize, corn
	de rogge	rye
	de haver	oats
	de gerst	barley
	het zaad	seed
	zaaien	to sow

KLEUREN   COLOURS

216	de kleur	colour
	de nuance	shade
	blauw	blue
	bruin	brown
	geel	yellow
	rood	red
	groen	green
	grijs	grey
	rose	pink
	zwart	black
	wit	white
	zwartwit[1]	black and white

1 I want that in black and white (i.e. in writing) = *Ik wil dat zwart op wit hebben.*

lichtblauw etc.	light-blue etc.	**217**
donkergroen etc.	dark-green etc.	
bruinachtig etc.	brownish etc.	
oranje	orange	
purper, paars	purple	
lila	lilac, mauve	
beige	beige	
kleurrijk	colourful	
gekleurd	coloured	

*De dief is op heterdaad betrapt
en wordt gearresteerd*

MISDAAD (c.)   CRIME

de misdadiger	criminal	**218**
de gevangenis	prison, jail	
arresteren	to arrest	
verhoren	to interrogate	
het verhoor	interrogation	
veroordelen (tot)	to sentence (to)	
de dief	thief	
de inbreker	burglar	
de zakkenroller	pickpocket	
stelen*	to steal	
de moordenaar	murderer	
vermoorden	to murder	

de rechtbank	court	**219**
de rechter	judge	
het oordeel	sentence, judgement	
de notaris	solicitor	
de advokaat	barrister, lawyer	
beschuldigen (van)	to accuse (of)	
aanklagen	to accuse	
de aanklacht	charge	
de aanklager	prosecutor	
de verdediging	defence	

220

de doodstraf	death sentence
ophangen	to hang
(on)schuldig	(not) guilty
de wet	law
(on)wettelijk, (on)wettig[1]	(il)legal
aanranden	to assault
de aanranding	assault
verkrachten	to rape
de verkrachting	rape
de moord	murder
de diefstal	theft, robbery

Een gezellig pleintje met een gedenkteken

IN DE STAD   IN TOWN

221

de stad (pl. steden)	town, city
de voorstad	suburb
het dorp	village
het centrum	centre (of town)
het plein	square
het trott**oir**, de stoep	foot-path, side-walk
het warenhuis	departmental store
het stadh**uis**	town hall
de gemeente	municipality
de gemeenteraad	council

222

naar de stad	to town
het museum	museum
(op) de markt	(at) the market
het hotel	hotel
de kroeg	pub
het caf**é**[2]	cafe
het pal**eis**	palace
het kast**eel**, slot	castle

---

1 Legal tender = *wettig betaalmiddel*, but statutory speed = *wettelijk voorgeschreven maximum snelheid*.
2 A Dutch *café* also serves alcohol and thus fulfils the role of a pub as well as a cafe.

WINKELEN

SHOPPING

winkelen	to do the shopping, shop	**223**
boodschappen doen	to do the shopping, shop	
(bij) de slager	(at) the butcher's	
de kruidenier	grocer('s)	
de groenteboer	greengrocer('s)	
de slijter(ij)	liquor store	
de apotheek	chemist shop, pharmacy	
de supermarkt	supermarket	
(af)leveren	to deliver	

Een aardig winkelstraatje

(aan) de kassa	(at) the cash register, check-out	**224**
kontant betalen	to pay cash	
het kleingeld	(small) change	
de korting	discount	
de reklame[1]	advertisement	
de aanbieding	special (offer)	
het bon(netje)	docket, cash register slip; voucher	
de kwitantie	receipt	
ruilen	to exchange	
inruilen	to trade in	

de winkelier	shop-keeper	**225**
de klant	customer	
bedienen	to serve (a customer)	
de toonbank	(display) counter	
de balie	(island) counter, service counter	
de weegschaal	scales	
het ons	100 grams	
het pond	pound (i.e. 500 grams)	
de/het kilo	kilo	

1 The word advertentie (c.) is only used for classified ads.

226

het zakje	paper bag
het blik	tin can
de draagtas	(plastic) carry bag
de boodschappentas	shopping bag
de verpakking	pack(ag)ing
de doos	box (cardboard)
inpakken	to wrap (up)
het touw	string, rope
het plakband	adhesive tape
de lijm	glue
lijmen	to glue

Een bekende Italiaanse kok

227

netto	net
bruto	gross
de kleinhandel	retail trade
de groothandel	wholesale trade
de grossier	wholesaler
de handelaar	dealer
de uitverkoop	sale
het koopje	bargain, good buy
afdingen*	to haggle, bargain

228

het restaur**a**nt	restaurant
de kelner, ober[1]	waiter
de serv**ee**rster	waitress
de r**e**kening	bill
afrekenen	to pay, settle the bill
de kok(k**i**n)	cook (fem.), chef
de fooi	tip
de bediening	service

1 The profession is normally *kelner* but in a restaurant one calls for the *ober*.

DE BOUW

BUILDING, CONSTRUCTION

bouwen	to build	**229**
afbouwen	to finish building	
de (**bou**w)onder**ne**mer	(building) contractor	
de bouwvakker	construction worker	
het gebouw	building	
afbreken*, slopen	to pull down, demolish	
de nieuwbouw	new building	
het kantoorgebouw	office block	
de wolkenkrabber	skyscraper	

Een enorm hoog gebouw

het fundam**e**nt	foundation(s)	**230**
de torenflat	high-rise building	
de toren	tower, steeple	
de lift	life	
de kelder	cellar, basement (at home)	
het souterr**ai**n	basement (shop or large building)	
de begane grond	ground floor	
de bovenste verdieping	top floor, storey	

het bet**on**[1]	concrete	**231**
de/het baksteen[2]	brick	
het hout	wood	
het glas	glass	
het met**aa**l	metal	
het blik	tin	
het lood	lead	
het (geel)koper[3]	brass	
het (rood)koper[3]	copper	
het brons	bronze	

1 All the materials mentioned here have adjectival forms ending in -en e.g. *betonnen, houten, blikken*, etc. (cf. *wooden, silken*).
2 For the difference in gender see the footnote to section 11.
3 The colour is usually left out as the Dutch do not normally bother to distinguish between brass and copper.

232

het staal	steel
roestvrij staal	stainless steel
roestvrij	rustproof
waterdicht	waterproof
het ijzer	iron
het gips	plaster
het marmer	marble
de triplex	three-ply
de spaanplaat	chip-board

Hij is in dienst

DE KLOK

THE CLOCK

233

de slinger	pendulum
het horloge	watch
kijken* (op)	to look (at a clock or watch)
opwinden*	to wind up
de wijzer	hand
de wijzerplaat	face
de minuut	minute
de seconde	second
het uur	hour
het kwartier	quarter of an hour

OORLOG EN VREDE

WAR AND PEACE

234

de oorlog (pl. oorlogen)	war
de vrede	peace; treaty
vechten*	to fight
de strijdkrachten	armed forces
de marine	navy
het leger	army
de luchtmacht	airforce
de zeeman (pl. -lui), matroos	sailor
de soldaat	soldier
werven*	to recruit
de veldslag (pl. -slagen)	battle
aanvallen*	to attack

de aanval	attack	**235**
verdedigen	to defend	
de verdediging	defence	
de (atoom)bom	(atom) bomb	
bommen	to bomb	
ontploffen	to explode	
de granaat	grenade	
de mijn	mine	
de onderzeeër	submarine	
de tank (pron. tenk)	tank	
bezetten	to occupy	
bevrijden	to liberate	

Er is hier een bom ontploft

WERKWOORDEN

VERBS

bijten*	to bite	**236**
blijven*	to remain, stay	
krijgen*	to get	
lijden* (aan)	to suffer (from)	
lijken* (alsof)	to seem, look (as if)	
snijden*	to cut (with a knife)	
knippen	to cut (with scissors)	
strijken*	to iron	
verschijnen*	to appear	
verdwijnen*	to disappear	
vermijden*	to avoid	

(aan)bieden*	to offer	**237**
genieten* (van)	to enjoy	
kiezen*	to choose	
liegen*	to lie	
schieten*	to shoot	
verliezen*	to lose	
fluiten*	to whistle	
ruiken* (naar)	to smell (of)	
sluiten*	to shut, close	
zuigen*	to suck	
spugen	to spit	

238

beginnen*	to begin
binden*	to tie
drinken*	to drink
klimmen*	to climb (intr.)
springen*	to jump
trekken*	to pull
vinden*	to find
winnen*	to win
zwemmen*	to swim
slaan*	to hit
vragen* (om)	to ask (for s.t.)
waaien*	to blow

Hij heeft goed leren zwemmen

239

breken*	to break
komen*	to come
nemen*	to take
spreken*	to speak
praten (met)	to talk (to)
geven* (aan)	to give (to)
liggen*	to lie
vergeten*	to forget
dragen*	to wear; carry
graven*	to dig

240

houden*	to hold, keep
laten*	to let, leave
lopen*	to walk
rennen	to run
roepen*	to call
hangen*	to hang
vangen*	to catch
helpen*	to help
doen*	to do
gaan*	to go
staan*	to stand
zien*	to see

lachen* (om)	to laugh (at s.t.)[1]	**241**
laden*	to load	
vouwen*	to fold	
weten*	to know (a fact)	
kennen	to know (a person)	
worden*	to become, get	
zeggen*(tegen)	to say (to s.o.)	
denken* (aan)	to think (of)	
luisteren (naar)	to listen (to)	
wachten (op)	to wait (for)	
bestaan* (uit)	to consist (of)	
staan* (op)	to insist (on)	

Deze mevrouw wacht al een hele tijd op de bus

antwoorden (op)	to answer (to) (intr.)	**242**
onthouden*	to remember, keep s.t. in mind	
zich herinneren	to remember, recall	
herinneren (aan)	to remind (of)	
doen denken* (aan)	to remind (of)	
uitdrukken	to express	
ontsnappen	to escape	
verwachten	to expect	
glimlachen	to smile	
vervangen* (door)	to replace (by)	

zoeken* (naar)	to look (for), seek	**243**
bezoeken*	to visit	
leggen, doen	to put (s.t. flat)	
zetten, doen	to put (s.t. upright)	
sturen	to send	
wonen	to live, dwell	
leven	to live, be alive	
verstaan*[2]	to understand	
begrijpen*[2]	to understand	
zich verheugen op	to look forward to	

1 To laugh at someone (i.e. to ridicule) = *uitlachen*.
2 *Verstaan* is to understand a foreign language or to be able to hear what is being said. *Begrijpen* is to understand the meaning of something.

244

verlaten*	to leave (tr.)
vertrekken*	to leave, depart (intr., people and vehicles)
weggaan*	to leave, depart (intr., people)
ontmoeten	to meet (by arrangement)
tegenkomen*	to meet (by chance), bump into s.o.
aankomen*	to arrive
huren	to rent, hire
verhuren	to rent out, hire out
gaan* zitten	to sit down
gaan* liggen	to lie down
laten* vallen	to drop
laten* zien	to show

Het kindje is op zijn potje gaan zitten

245

redden	to save
branden	to burn (intr.)
verbranden	to burn (tr.)
kloppen	to knock, beat (mat, heart)
(uit)rusten	to rest
haten	to hate
waarschuwen	to warn
teleurstellen	to disappoint
(weg)gooien	to throw (away)
pijn/zeer doen*	to hurt

246

vergroten	to enlarge, make bigger
verbreden	to widen
vertalen	to translate
vernederlandsen	to dutchify
verengelsen	to anglicise
verwisselen	to confuse, mix up (things)
verwarren	to confuse, bamboozle (people)
verdwalen	to get lost
verrassen	to surprise, take s.o. by surprise
verbazen	to amaze, surprise
veranderen	to change

BIJVOEGLIJKE NAAMWOORDEN	ADJECTIVES	
groot (de grootte)	big, large (size)	**247**
klein	small, little	
hard	hard; fast; loud	
zacht	soft	
zwak (de zwakte)	weak (weakness)	
sterk (sterkte)	strong (strength)	
diep (de diepte)	deep (depth)	
ondiep	shallow	
laag	low	
hoog (de hoogte)	high, tall (things) (height)	
lang (de lengte)	long, tall (people) (length, height—people)	
kort	short	

Deze leuke molen staat achter een hoge dijk

oud	old	**248**
jong	young	
mooi	pretty, beautiful, nice (weather)[1]	
lelijk	ugly	
zoet	sweet	
bitter	bitter	
zuur	sour; acidic	
duidelijk	clear, distinct	
breed (de breedte)	wide (width)	
smal	narrow	

schoon[2]	clean	**249**
vies, vuil	dirty	
zwaar	heavy	
trouw	faithful	
vrolijk	merry, cheerful	
laat	late	
vroeg	early	
vers	fresh (food)	
fris	chilly, fresh (weather)	
klaar	finished, ready	

1 See footnote to section 141.
2 The word *schoonheid* means 'beauty', however *beeldschoon* means 'very beautiful'

250

trots (op)	proud (of)
bescheiden	modest
verlegen	shy
fout	wrong (things, not people)
goed	good; correct, right
gek (op)	mad, crazy (about)
stom	stupid, dumb (also without speech)
doof	deaf
knap	clever; handsome
langzaam	slow
vlug, snel[1]	quick, fast

Kees is erg trots op zijn nieuwe hok

251

(schat)rijk	(very) rich
(straat)arm	(very) poor
(spot)goedkoop	(very) cheap
(peper)duur	(very) dear, expensive
(splinter)nieuw	(very) new
(stok)oud	(very) old
(ijs)koud	(very) cold
(gloei)heet	(very) hot
(kei)hard	(very) hard; fast; loud
(honds)b**a**al	(very) cheeky

252

zeker	certain, sure
vrij	free
beleefd	polite
moe	tired
rijp	ripe
gratis	free (of charge)
nodig	necessary
wreed	cruel
gul, roy**aa**l	generous
lui	lazy

1 Vehicles always travel *hard*, however.

intelligent	intelligent	**253**
ijverig	industrious, diligent	
dankbaar	grateful, thankful	
ernstig	serious	
grappig	funny	
eigen**aa**rdig	peculiar, strange	
vreemd	strange	
mogelijk	possible	
waarsch**ij**nlijk	probable	
belangrijk	important	

Dit jochie is ontzettend stout geweest

goed (voor)	good, kind (to)	**254**
jal**oe**rs (op)	jealous, envious (of)	
goed, slecht (in)	good, bad (at s.t.)	
bang (voor)	afraid (of)	
kwaad (op)	angry (with)	
typisch (voor)	typical (of)	
geïnteress**ee**rd (in)	interested (in)	
beroemd (om)	famous (for)	
(on)afh**a**nkelijk (van)	(in)dependent (of)	
enthousi**a**st (over)	enthusiastic (about), keen	

leuk[1]	really nice, fantastic	**255**
nuttig	useful	
nutteloos	useless	
braaf	well-behaved	
stout	naughty	
moeilijk	difficult	
(ge)makkelijk	easy; comfortable	
leeg	empty	
vol	full	
volgend	next (week etc.)	
vorig, verleden	last (week etc.)	
bekend	well-known	

1 This is an exceedingly common word and can be used for anything except food
 (see section 48).

VOEGWOORDEN	**CONJUNCTIONS**

256

en	and
maar	but
of	or; whether, if
want	because, for
dat	that
omd**at**	because
zod**at**	so that
na(d**at**)	after
voor(d**at**)	before
tot(d**at**)	until, till

Tussen de bomen vind je wat paddestoelen

257

terw**ij**l	while
als	when; if
wann**ee**r	when (in questions)
toen	when (verb in past)
ind**ie**n	if
hoew**e**l	although
sinds, s**e**dert	since
zodr**a**, zo g**au**w	as soon as
tenz**ij**	unless
om...te	(in order) to

VOORZETSELS/PREPOSITIES	**PREPOSITIONS**

258

tot	until
in	in, into
om	around
aan	on (vertical); to (a person)
op	on (horizontal)
over	about; over, above
bij	by; at the home of
ond**a**nks	in spite of
tussen	between
volgens	according to

behalve	except for, besides	**259**
vanwege	because of, on account of	
gedurende, tijdens	during	
boven	above, over	
onder	under	
beneden	beneath, underneath	
achter	behind	
door	through; by (s.o.)	
langs	along, past	
naast	next to	

*Het postkantoor staat op
het plein tegenover de bank*

vlak/dicht bij	near (to)	**260**
naar	to (a place)	
voor	for; in front of; before	
na	after	
zonder	without	
tegenover	opposite	
tegen	against	
met	with	
van	from; off; of	

BIJWOORDEN

ADVERBS

vooral	above all, especially	**261**
tenminste	at least	
straks	presently, soon	
bijna	almost, nearly	
ergens	somewhere; somehow	
nergens	nowhere	
overal	everywhere	
ook	also, too	
toevallig	by chance	
(10 jaar) geleden	(10 years) ago	

262

zonder twijfel	without doubt
in tegendeel	on the contrary
op tijd	on time, in time
pl**o**tseling	suddenly
ongev**ee**r	about, approximately
eigenlijk	actually, really
werkelijk	really
helem**aa**l niet	not at all (rich etc.)
pas[1]	not until
net[2]	just
(n)ooit	(n)ever
al	already

Het hondje rent naar buiten

263

nu	now
dan	then
toen	then (verb in past)
gewoonlijk	usually
altijd	always
van nu af aan	from now on
tot nu toe	till now
in/over het algem**ee**n	in general, generally
hel**aa**s	unfortunately
gelukkig	fortunately

264

(naar) binnen[3]	inside
(naar) buiten	outside
(naar) boven	upstairs
(naar) beneden	downstairs
vlakb**ij**, dichtb**ij**	nearby
links(**a**f)	(to the) left
rechts(**a**f)	(to the) right
thuis	at home
naar huis	home[4]

1 He's not coming till Monday = *Hij komt pas maandag.*
2 I have just done it = *Ik heb het net gedaan.*
3 I am sitting/going inside = *Ik zit binnen* but *Ik ga naar binnen.*
4 NB: *Ik ga/rij naar huis* but *Ik kom thuis.*

VOORNAAMWOORDEN

men	one
(n)iemand	someone, -body (no-one, -body)
sommige(n)...andere(n)[1]	some...others
verscheidene(n)	several
verschillende(n)	various
iedereen	everyone, -body
een paar, wat	a few, some
iets	something; somewhat
alles	everything
alle(n), al, allemaal[2]	all
beide(n), allebei[2]	both
een heleboel	a lot
veel, vele(n)	a lot, many, much

PRONOUNS

265

Ze weegt veel te veel

VRAAGWOORDEN

waarom	why
wanneer	when
hoe	how
hoelang	how long
hoeveel	how much
waar	where
waar...naartoe[3]	where(...to)
waar...vandaan	where...from
wie	who
van wie	whose
welk(e)	which
wat	what

INTERROGATIVES

266

---

1 The forms with -n are used when these words stand independently with reference to people e.g. *Sommigen zijn thuis gebleven* = Some (people) stayed at home.
2 *Ze zijn allemaal/allebei arm* = *Allen/beiden zijn arm.*
3 Where do you live? = *Waar woon je*? but Where are you going? = *Waar ga je naar toe*?

CONTENTS